JN322035

心《こころ》が目覚める
生き方問答

法輪《ボンニュン》◎著

井上朋子◎訳

地《ぢ》湧《ゆう》社

心が目覚める生き方問答

刊行にあたって

すさまじい情報の洪水の中で生きている現代人は、生活のあり方も欲求もまさに多種多様で、人生の悩みも千差万別です。

お釈迦《しゃか》様が出家されたのは、わたしたちみんなが苦しむことなく、共に幸せに生きる方法を見つけるためであり、その教えは、どんな人でも最終的にはそのように生きていけるよう導くものでした。

悟りを開かれたあと、お釈迦様は当時の人びとの生活の状況や要求に沿った「対機説法《たいきせっぽう》」を行われました。人びとは自分が知りたいことは何でも尋ね、お釈迦様は質問者が正しい道を歩めるようにさまざまな方法で指導されました。そして、これがのちに記録されて経典になりました。

この本は、「浄土法堂《はっとう》」で開かれた法輪《ポンニュン》師の「即問即説法話」をまとめたものです。

本書を読めば、今の時代を生きる人びとがどんな問題や悩みを抱えているのか、そしてそれにどう対処すればいいのかを、具体的な質問と法輪師の答えを通して知ることができます。お釈迦様の教えを日々の生活にどのように浸透させたらよいのか、その答えを得るきっかけになれば、と思います。

韓国　浄土出版編集部

目次

第2部　気がかりのない心　軽やかな人生

第3部　自分の人生の主人公になる道

序文――わからないことがあれば尋ねなさい

ただ現在に目覚めていなさい
瞬間瞬間　目覚めている人
そういう人を菩薩《ぼさつ》という
過ちを知れば　すぐに悔い改め
誤りを知れば　すぐに直し
わからなければ　尋ねてわかろうとする人
この世の誰も
そういう人には手が出ないだろう

「即問即説法話」というのは、人びとの質問に法師が適切な答えを返す「対機説法」の伝統に従ったものです。具体的な問答に入る前に、まずこのような即問即説法話の伝統とその内容、そして一般の法話と異なる点について概略を説明したいと思います。

対機説法の伝統

例えば、誰かからソウルへ行く道を尋ねられたとき、その人が仁川《インチョン》(ソウルの西にある都市)の人なら「東に行きなさい」と言ううし、水原《スウォン》(ソウルの南にある都市)の人なら「北に行きなさい」と言うし、春川《チュンチョン》(ソウルの東にある都市)の人ならば「西に行きなさい」と言います。ソウルへ行く方向は、その人が今いる場所によって違ってくるでしょう。

このとき、「東に」「西に」「北に」と言うのを方便といい、このように話すことを方便説または対機説法といいます。方便というのは、嘘や便宜的な手段という意味ではなく、そのときの条件や状況に一番かなった正しい道、最善の道という意味です。このように伝統的なお釈迦《しゃか》様の教えとは、人びとがまず問いかけ、それに対してお釈迦様がお答えになる、という対機説法でした。『阿含経《あごんぎょう》』は対機説法を記録したものです。

また、この即問即説法話は禅の伝統も受け継いでいます。大乗仏教が発展していく中で、仏教は哲学的になりました。思想が奥深くなり説明がだんだん長くなりました。大乗仏教の大部分が長広舌であるのもこのためです。質問が少なくお釈迦様のお話だけが多いものもありますし、質問がなくてお釈迦様のお話だけが続いているものもあります。

これに対して、現実的で実践的な問題を簡潔で直截《ちょくせつ》に表現したものが禅です。禅問答は『阿含経』よりも短いのです。お釈迦様は質問する人の立場と境遇を考慮して、その人が理解できるようにお話しになりましたが、禅は同じ問答の形式をとってはいても、問う人の立場と境遇を飛び越えて、即、教えるというものです。ですから、質問と答えが論理的には合わないように見えるでしょう。「仏陀とは何か?」という問いに「糞掻《くそか》き棒だ」とも答えるし、「真理とは何か?」と問えば「庭の松の木だ」とも言います。

禅問答は仏教の原形に返ろうとする苦悶の中から生まれました。思弁的で哲学的な話ではなく、単刀直入に現実的な生活の問題に迫るものです。ただ聞いただけでは何のことかよくわかりませんが、実際に深く入ってみると、決して的の外れた答えではないのです。お釈迦様がなさった対機説法と違うのは、お釈迦様は質問した人が理解できるように説明されましたが、禅は中間の説明を省略して、すぐに結論までいくのでわかりにくいという点だけです。

質問のテーマ

それではこの即問即説法話において、人びとはどんなテーマで質問をしなければいけないのでしょうか? そのテーマに制限はありません。人は生活している条件や境遇によって、悩む問題が違うでしょう。他の人が見たら別に問題だとは思えないことでも、自分自身にとってはなんとかしなければならない大変なことだから問題になるのです。

あるとき、中学・高校の先生たちが集まって、青少年相談所を開いたのですが、学生たちが電話で聞いてくるのはいつも性の問題ばかりなので、「いたずら電話をしてくる」と言って怒りました。しかし、学生たちにとってこの問題はいたずらではありません。先生たちは「学生が人生について悩むことは好ましいことだし、そんな悩みは学校教育では解決してくれないから、手助けしてやらなければ」と考えているのですが、学生たちは人生についての悩みもあるけれども、大部分は自分の体の変化や性欲のために戸惑い悩んでいるのです。それが学生たちにとって重要な問題なので、苦しんだあげく尋ねてきたのです。

人間の苦悩に良い悪いはありません。仏教について知りたいといっても、礼拝《らいはい》の方法について知りたい人、仏画について、また教理について知りたい人もいるでしょうし、仏教の社会的な実践や、環境と仏教、量子力学と仏教の関係や、伝統思想と仏教の関係についいて知りたい人もいます。

また、恋愛して失敗したとか、この世の中で生きていくのに嫌気がさし、つらくて質問する人もいるし、何かわからないけれど生きることが悲しく苦しいという人もいます。

人によって苦悩が違うだけで、苦悩に良い悪いやレベルの高い低いがあるわけではありません。人があれやこれやで悩むのはすべて煩悩《ぼんのう》（身心を煩わし惑わす精神作用。貪《むさぼ》り・怒り・愚かさの三つを根源とする）のせいです。その煩悩を消滅させる方向に進む道が、まさにお釈迦様の教えなのです。

人びとが主人公として参加する場

現在一般に行われている大部分の説法は、法師が法会《ほうえ》の雰囲気を左右しています。法師は、人びとの心理をよく把握して、あるときは面白く、あるときは深刻な雰囲気をつくって、眠くならないようにし、内容も適切であるように気を遣わなければなりません。

けれども対機説法は、法師と質問者が一緒に法会の雰囲気をつくっていくものです。聴衆が主人公として参加するのです。どんな質問かによって、法会のテーマが変わるでしょう。科学に関連する質問なら科学の教室になるし、生活の苦しさについての話が出れば人生相談の教室にもなるし、教理の問題になれば哲学の教室にもなるし、お寺の運営について質問が出れば会議の雰囲気になったりもするでしょう。人びとが積極的に参加するかどうかによっても、法会の雰囲気が大きく左右されます。

信頼の場

この法会では、法師の答えは質問者によって多様な形態をとるでしょう。質問者が一生懸命、長々と質問したのに、法師がひとことも言わないということも、ただ笑っているだけということもありえます。それでも、それが答えだと受け容れなければなりません。何も答えないというのは、質問者が答えを聞くよりも自分の話をしたかったのだ、と考えられるかもしれません。その場合はその人の話を聞いてあげるだけでよい、ということです。質問自体が特別に答える必要のないものである場合もあります。

反対に法師が厳しい口調で反問することもあります。そんなときは、質問者は法師の反問も〝一つの答え〟として受け容れなければなりません。このようにこの法会では、法師が答えようと答えまいと、答えがどんな形をとろうと、聴衆は「それも一つの答えに違いない」と考えて法師を信頼する気持ちがなければいけません。

そして質問者が、自分の望む答えを聞こうという考えを捨てれば、法会の雰囲気を良い方向に導くことになります。自分の望む答えを聞こうとするのなら、わざわざ質問する必要はないでしょう。もう答えを知っているわけですから。わからないから質問するのであれば、自分の好みに合う答えはないのだということを心得ているべきです。

質問者と聞く人の態度

そしてまた、質問者が体裁を気にする傾向が強ければ、この法会はすぐ硬直してしまいます。そうなると質問が出なくなります。そして「上手に質問しなくてはいけないのに、あんなのが質問と言えるのか。質問するなら少なくともこのようにしなければ」と考えたり、「こんな質問をしたら、皆はわたしを見て何と言うだろうか」と考えたりするようになります。また、ほめられたいという心理が働いた場合は、質問がうまくいかず問答になったあげく論争になってしまいやすく、また質問したあとで「人が見ている前で恥をかいただけだ。無駄なことをした」と後悔することになったりします。ですから、そんな考えからは離れて質問しなければいけません。

それから、この法会に参加するときに注意すべき点は、この場所で出た話はこの場所で終わらせなければいけない、ということです。夫のいる女性が、恋人ができて悩み、質問したようなときに「ねえ、あの女の人、そんなことしていたなんて知らなかったわ」と帰り道で非難したり、法師が答えの中で乱暴な表現をしたときに「お坊さんがあんな汚い言葉を使うなんて！」と心にとどめたりしてはいけません。

質問はすべて自分の悩みを解決するためにするものであり、どんな煩悩も、正しい・正しくない、正当だ・非難すべきだ、などと区別できるものではないからです。そして答えは法師の立場から一番効果的なものを選んでいるのです。例えば、大声で乱暴な表現を使ったとしたら、それがその状況では質問者に最も効果的な方法だと判断してしたことなのです。そんなときは、それはそれで終わらなければなりません。そうでなければ、他人に見せるための質問と見栄えだけが良い答えをする雰囲気に変わってしまい、具体的な生活の問題を単刀直入に話すことができなくなります。

また、このように法会を進めていると、そこが修羅場になるときもあります。偏屈な人たちが来て、非常識で乱暴なふるまいをすることもあるし、さまざまな形に展開しうるのです。そんな中でも一番良くないのは、参加者から質問が出ないことです。しかし、わたしたちは皆、そんな場合でもそれを受け容れなければなりません。

お釈迦様が涅槃《ねはん》に行かれる直前に、このようにおっしゃいました。

「どんなことでも、疑問に思ったら尋ねなさい。わたしが涅槃に行ったあとで『あのとき尋ねておけばよかったのに』と後悔してはいけない。気楽に友だち同士のように尋ねなさい」

この言葉を三回もおっしゃったので、阿難《あなん》尊者は「何の疑問もありません」と言ったのです。そのように質問が何もなければ、ただ静かにしていればいいのです。

ですから、法会が五分で終わることもあるし、百分以上長びくこともあります。質問が自分の関心のあることについての話であれば、人は注意深く聞きます。そしてそこから多くを学ぶことができるでしょう。

第1部　つくった因縁を知れば苦しみはなくなる

この世のすべてに通じる原理は「因縁果」の法則です。
この世は「因縁果」の法則によって動いていることを知らなければなりません。
畑にかぼちゃの芽が出れば、
それはかぼちゃの種があったからです。
種は「因」であり、芽が出ることを「果」といいます。
芽が出るようにする水、温度、空気を「縁」といいます。
種だけあって畑がなければ芽は出ないし、
畑だけあって種がなければやはり芽は出ないように、
「因」だけあって「縁」がなければ「果」は起こらないし、
「縁」だけあって「因」がなければ「果」は起こりません。
「因」と「縁」が出会わなければ決して「果」は起こらないし、
「果」が起こっていれば必ず「因」と「縁」があったのです。

1 夫のせいで悔しくてやりきれません

十年前に夫が浮気をして離婚しました。謝られても許せませんでした。わたしが持っていた財産は、夫の兄弟がすべて売り払ってしまいました。今わたしは、胃癌の末期患者です。子どもたちに失った財産のことを話しても、「すんだことだから忘れろ」と言って取り合ってくれません。だからよけいに悔しくて、財産を失ったことが無念でたまりません。

質問されたこの方は結局、ご主人を失い、財産を失い、健康まで失ってしまったんですが、なぜこんなことになったんでしょうか?

お釈迦《しゃか》様の言葉に「僧侶たちよ、たとえ一番目の矢に刺されたとしても二番目の矢には刺されるな」というものがあります。自分が愚かなせいで一番目の矢に刺されたとしても、二回、三回とは刺されるな、という話です。

ご主人を失ったとしても財産は失わないとか、財産は失ったとしてもご主人は失わないとか、財産とご主人は失ったとしても健康は失わないとか、しなければいけなかったのに気の毒ですね。すでにご主人も、財産も、健康までも失ってしまったんですね。

今からでも智慧があれば、まだ残っている何かを失わないようにすることができます。ご主人を失ったときは、世界がすべて消えてしまったかのようだったでしょうし、財産を失ったときはこれ以上失うものはないかのように感じたでしょう。しかしそのときは健康があったのです。そのときにもう少し智慧があれば、健康だけでも守ることができたんじゃないでしょうか？

もしこの方が最初から賢かったら、ご主人が浮気をしないようにすることもできました。それは、ご主人が何を求めているのかをよく見極めていたら、ということです。

浮気したときは、ご主人なりに家庭に何かもの足りなさがあったからそうしたのです。それが何かは他人にはわかりません。しかし一緒に暮らす人ならもう少し関心をもてばわかるのです。性的な不満のせいなのか、幼いときの愛情不足のせいなのか、とにかく何か足りない感じがあるから、あちらこちらへとさまようのです。それをよく見極めていたら、未然に防ぐこともできたのです。

けれど、それを前もって見極められなかったんでしょう。ご主人が浮気したとき、自分は正しいという考えにだけとらわれたために、良い機会を逃してしまいました。そのとき「わたしはうまくやってると思っていたけれど、何か足りなかったんだなあ。それは何だったんだろう?」と考えていたら、自分に対して目が覚める機会になっていたのです。

ご主人が本当に間違っていて謝る立場であり、奥さんが大声で怒る立場であったとき、逆に奥さんが謙虚に反省して頭を下げ、「あなた、ごめんなさい。わたしなりにがんばっていたけれど、あなたを満足させられなくてすまなかったわ」と言っていれば、この問題は一度の矢だけで終わっていたのです。

ところが、自分はよくやっていたという考えにとらわれていたために、相手を許すことができなかったんでしょう。そうやって最後まで憎しみをもちつづけたことで、いったい誰が苦しんだのですか? 自分自身が苦しんだのでしょう。

結局、子どもたちの父親であるご主人を一生憎むことで、子どもたちは両親のいざこざに巻き込まれ、心の安定を失ってしまうことになったのです。

同じ矢に二度刺されるな

二つ目は財産の問題です。どんな理由にせよ、すでに財産はなくしてしまいました。それが惜しくて腹の虫がおさまらないわけです。腹とはまさに胃のことです。それで一番目の矢に刺されるだけで終わらずに、結局、健康を害するという二番目の矢にまで刺されたのです。

お金を取り返すことができるのなら、ただそうすることに努力すればいいのであって、腹を立てる必要はありません。そして、もうすでに取り返すことのできない財産を取り返そうと努力するのは愚かなことです。

それはもうなくなってしまったものです。なのに取り戻そうとするのは、夢の中で蛇に追いかけられているようなもので、蜃気楼《しんきろう》を追いかけたり、幻をつかもうとしたりするのと変わりません。ですから結局、自分の健康を害してしまったのです。今は、死が目前に迫るところまできてしまいました。ここでまだ執着しつづけたら、残りの命までもっと縮めることになります。

そうして死んでも、それで終わるのではありません。怨恨《おんこん》が残っているため、安住の地をもたずにさまよう魂になります。すべてを解消して仏の名を唱えれば極楽浄土に行けるのに、結局はその恨みのためにそれもできず、さまよう魂となって現世よりずっと長い歳月、もっとひどい苦痛を受けなければなりません。魂となっても、お釈迦様が説かれた真理の言葉を聞いて恨みを解ければいいのですが、それもかなわず、さまよいつづけたり、また再びこの世に生まれて恨みを晴らそうとしたりするのです。

そうすると新しい恨みの連鎖をつくってしまいます。なぜかというと、人は今の人生において、自分が前世でつくった借りを返しているとはなかなか考えられないからです。

ですから、ある人が妻に浮気をされたり、財産を取られたりするという災いにあうと、その人は、この災いは自分が前世でつくった借りが返ってきたものなのだとは思えず、この質問者の方と同じように根深い恨みをもつことになります。

そして、もしその恨みが次の生でまたこの質問者の方に返ってきたら、現世の苦痛よりずっとひどい苦痛を受けることになるのです。恨みを来世で晴らしてやらねばという思いを抱き、それを果たしたとしても、それは相手からすれば思いがけない災難に見舞われたということになります。

それならば、ある日思いがけず災難にあったのなら、それは前世でわたしが誰かから奪った財産を相手が取り戻したんじゃないか、わたしが与えた苦痛の仕返しなんじゃないか、と考えられるのではないでしょうか？ そもそも、恨みをもってはそれを晴らすことをくり返すのは、賢明な生き方でしょうか？

ですからお釈迦様は、「恨みを恨みで返すな」とおっしゃっています。つまり問題が起こったとき、「ああ、わたしがつくった借りはこれよりずっと多かっただろうに、この程度で借りを返せたなら満足だ」というように考えれば、恨みの連鎖はここで断ち切られ、病苦を招くことはなかったのです。

わたしたちは、自分がつくった因縁の報いを受けているんですが、その因縁を知らないために、報いを受けるといつも腹を立てます。自分がつくった因縁がわかれば、悔しがったり腹を立てることはなくなります。

仏教徒ならば因果応報を信じているのですから、もし今日、悔しく腹立たしいことが起こったとしても、それを快く受け容れなければいけません。感謝して受け容れなければいけないのです。そしてそのような報いが、自分が望むところでないならば、二度とそのような因縁はつくらないようにしなければなりません。

しかし質問された方は、このような報いを受けることがたいへん悔しいと言っています。

つくった因縁を知らないのでこの報いを受け容れることができず、あまりにも悔しいと拒否して、再びこんな報いを自分で招くような因縁をつくっています。ですから本当に愚かです。今からでも自分の愚かさに気づいて、心を入れ替えてください。

そして、ここで上手に学ばないと、「なんでわたしはこんなにばかみたいな生き方をしてきたんだろう？　わたしのようなものは死んだほうがましだ」と自虐的になりやすいんですが、それもだめです。ただ「わたしが愚かだったんだなあ。お釈迦様のお言葉を聞いてみたら、わたしはばかだったことがわかったなあ」というところで終わらなければいけません。

輪廻の輪から抜け出す

つくった因縁の報いは避けることができないと言いました。互いに借りをつくったり返したりする行為のくり返しは、ここでやめなければなりません。やめるということは、我慢して耐え忍ぶことではなく、抜け出すことです。

ご主人の兄弟に対しては、「ああ、これで借りを返せるのならどんなにいいだろう」と考え、ご主人との関係では、自分に欠けていたものは何だったのかをよく見極め、目覚めることによって、ここで輪廻《りんね》の苦痛を終えなければいけないのです。

そうすれば、たとえ今日死んだとしても因縁の報い、輪廻の輪から抜け出すことができます。肉体を捨てた瞬間、再びそのような因縁の鎖につながれることのないところに行くのです。

自分のようには苦しまず無事に暮らしている人でも、この道理を悟ることができず、ずっと輪廻の中を回りつづけているのに、自分は夫とその兄弟のおかげでこの因縁の道理を悟ることができて解脱《げだつ》できると考えれば、その人たちに感謝する心をもてるでしょう。

財産という小さな利益を失うことで、または数多い因縁の中のある一度の生において、ちょっとのあいだすれちがった夫という因縁によって解脱したなら、まさに小さな利益を失って大きな利益を得たということです。

小さな利益に執着するのは、まるで魚が釣り糸の餌《えさ》に食らいつくようなものであり、ネズミが毒団子を食べようとしているようなものです。

人生はここで終わるのではありません。今のこの人生は刹那《せつな》にすぎず、わたしたちが生きなければいけない生はさらにこれより数億万倍続くのに、なぜこの刹那に執着して残りの生までだめにしようとするのですか？

ご主人の浮気にこだわってこの人生を苦しく過ごしたように、財産に執着して一生を恨みながら過ごしたように、また残りの寿命も楽しめず病身で人生を終えるように、その恨みをもちつづければ、これから残りの数多くの生においても三悪道（地獄・餓鬼《がき》・畜生《ちくしょう》という三つの世界、またはあり方）から抜け出すことができないでしょう。

真に謙虚になって心を改めなさい

これまでの自分の生き方の愚かさに気づき、それをよく理解したなら、これからの数多くの生を幸せに生きることができます。ですから、病気になったことも恨み嘆くべきではありません。今、このお釈迦様の言葉を聞き、自分の間違いや愚かさに気づくことが一番重要です。そうしたら、傷を負ってしまった子どもたちの心も癒《いや》されるのです。

「子どもたち、お母さんこれまで何十年ものあいだ間違っていたのよ。今考えてみるとお父さんだけが悪かったとは言えないわ。わたしも本当に至らないところが多かったの」

このように言えば、子どもたちの胸の中にある父親への恨みを消してやることができます。また、財産を売り払ってしまった叔父さんに対する気まずさをなくしてやって、子どもたちが叔父さんにこだわりなく会えるようにしてやらねばなりません。

お母さんが今のように恨みをもったまま死んだら、親戚が集まるとき、叔父さんが来ると言ったら子どもたちはそこに行かないか、行ったとしてもつらいでしょう。こうして自分が愛する子どもたちの人生を制限し束縛することになるのです。自分だけで終わるのではなく子どもたちの人生まで束縛するのです。その子どもたちが成長すれば、彼らの胸の中にある恨みは、またその次の世代の子どもたちへと伝わっていくでしょう。

なので今わたしたちの胸の中には、自分が直接関係していない恨みもたくさんあります。両親から来たものもあり、祖父母から来たものもあり、曽祖父母から来たものもあります。

ですから皆さんが銘心文（心に刻むべき自分の課題として、信徒が個別に授かる文）をもらうときには、四代前の先祖の罪を代わりに悔い改めなさいというものや、五代前、あるいは六代前の先祖の恨みを代わりに解いてあげなさいというものも時々あります。恨みが連鎖して伝わってくるからなのです。

質問者の方の話を聞くと気の毒で、心から慰めの言葉をお伝えしたくなります。けれども、そうすることではこの問題は解決されません。その苦痛が拡大し再生産されるだけです。ですから質問者の方は、真に謙虚になって心を改めなければなりません。

自分の心が狭くてご主人を受け容れられずに恨んだことの愚かさに気づいてそれを改

め、ご主人の兄弟には「わたしが借りを返したんだということを知らず、そのお金はわたしのお金だと考えていました。間違った考えを直します。これで借りを返せたならどんなにいいでしょう。ありがとうございます」という気持ちにならなければなりません。

こうして心にこびりついたものが消え去ったとき、健康状態も良くなります。このように恨みを解けば、明日死んだとしても何の恨みもなくなります。そうすれば、もしかしたら奇跡的に病気が治るかもしれません。ですから、礼拝《らいはい》しながらそのように心に刻んでください。

2 兄弟たちに裏切られた気がします

わたしは外国で暮らしていたのですが、五、六年前に帰国して両親と一緒に住んでいました。母は五年前から認知症（痴呆《ちほう》症）の症状があります。昨年、父が倒れて中風になって以来、家庭に問題が起きました。

わたしは兄弟が多く、わたし以外は皆結婚しています。わたしは八人兄弟の六番目なんですが、他の兄弟は皆アメリカにいるため、両親の世話をする者がいないと思って、わたしが韓国に戻ったんです。父は、倒れる前まではとても元気で、家庭の経済的なことは全部自分でなんとかしていたので、わたしは両親を世話するというよりただそばにいるだけで、逆にいろいろと力になってもらっていました。

ところが急に父が倒れたのです。経済的な事情がよくわからないままにひと月ほど過ぎたころ、父のところへ借金返済の請求がどっと来たので、わたしは怖くなりました。

母は、認知症になる前に、「おまえは四十五歳で独身だけど、わたしたちが死んだら、他の兄弟は自分たちのことで精一杯で、おまえを援助する余裕はないだろう。わたしの名義になっている家をおまえにあげるから、名義を変更しておきなさい」と言いました。しかしわたしは、そんなことをしたら兄弟に申しわけが立たないと思っていました。

わたしは帰国してから服をつくる仕事をしていますが、その仕事場は両親が援助してつくってくれたので、他の兄弟はそれを知ってあまりいい気がしなかったみたいです。だからわたしは、母がそうしろと言っても母の家の名義変更をしていませんでした。けれど今や父まで倒れてしまい、あちこちに借金があるうえに、住んでいる家もすでに他人の手に渡っていることがわかりました。それで、せめて母の名義になっている家だけでも自分のものにしないと、両親の面倒を見られないと考えるようになったんです。

その家まで人手に渡ったら大変だと思ったので、わたしの名義に変えました。そのことで兄弟に相談したんですが、どんな誤解があったのか、そのときに兄弟から殴られてしまい、もうすっかり裏切られた気持ちになって、わたしは家を出ました。父と母の面倒を見ようと思ってその家を自分のものにしたのに、もうそれを持っている必要もなくなり、全部放棄して一人で家を出たんです。

そんなことがあって一年ほどたったのですが、今も心がひどく傷ついていてつらいのです。ここに来る前に「即問即説法話」のテープを三、四本聞いてみたら、心がとても落ち着きました。わたしは僧侶ではありませんが、結婚して家庭をもつことには縁がなく、こうして独りで暮らしているので、たいへん身軽で出家しているような気分になります。

この件についてお言葉をいただきたいのと、わたしが前世で何をしていたのかについても知りたいと思っています。

兄弟との良い関係と財産のどちらを取るかは、自分が選ぶ問題です。兄弟との関係を大切に考える賢明な人なら、両親に財産がたくさんあるうちは、両親の近くに行かないほうがいいでしょう。兄弟との関係は壊れてしまってもよいから財産を選びたいと考えるなら、関係ありません。しかし兄弟との関係が大切だと考えるのなら、両親が財産を持っているうちは、親孝行という名目で足しげくそばに行ってはいけないのです。

親不孝だと言われても、できれば離れたところにいて、近づかないほうがいいのです。そして親が財産をすべて分けてしまったあとで、両親の面倒を誰も見ようとしないなら、そのとき親孝行しても遅くありません。

うまくいかないのは前世のせいか

今、あなたは、ものごとがうまく解決しないので前世にこだわっていますが、前世が問題なのではありません。こうなったのはあなたが賢明でなかったからです。両親の面倒を見ることを口実にして、欲に目がくらんだり愚かだったりしたために、こんな災いを自分で招いたのです。家に戻らないのは賢明なことです。もうこれで終わりにしたほうがいいでしょう。

出家した気分だと言われましたが、多少なりとももらった財産があるなら、それをポンと兄弟にあげてしまって、風呂敷包み一つでこのお寺に入れば、一、二年で兄弟との関係は回復するでしょう。

しかし両親がお金を出してくれた店をやりながら暮らすつもりなら、当分のあいだ兄弟との関係はあきらめることです。それは彼らのせいではなく、自分が盗ったものに対する報いですから、恨んではいけません。自分が愚かだったと反省しなければなりません。

だからといって、罪を犯したという意味ではないですよ。「ちょっとした間違いだったなあ。愚かだったなあ」このように自分を眺めるべきです。

独身でいるのは前世の因縁のせいではなく、相手を選ぶとき、望みが高いからそうなったのです。望みを下げれば、十歳下の男性とでも六十代の年配の男性とでも、結婚して幸せに暮らすことができます。望みさえ下げれば、いくらでも願うとおりに縁を結ぶことができるのです。

年をとるほど望みを下げなければ、結婚は難しくなりますが、人間の心理はそうはいきません。二十五歳でお見合いをするときは、相手が弁護士の卵だ、医者だと言われても、あちこちから声がかかる年頃なので、その程度では満足できずはねつけたでしょう。

そうしてより好みしているうち、三十歳になります。三十歳になったら、そんな好条件の相手が現れたら結婚すればいいのに、やはりできません。なぜなら、その程度の相手で結婚するのなら五年前にしていたわ、今まで何のために待っていたのよ、という気持ちになるからです。

こうなると結婚がもっと難しくなります。ですから、独身でいるのは他に理由があるのではなく、自分が選んだことなのです。独身でいるのが好きだからではなく、欲を出して「二兎《と》を追うものは一兎をも得ず」ということになったから、一人残ったのです。これは出家ではありません。寂しいなら出家ではありません。

面倒くさくて家を飛び出たのなら、少ししたらもの足りなくて、また他の何かをつかまないといられないでしょう。だからこちらの家を出て、あちらの家に行くまでの中間にいるのであって、これは家出です。

出家は、家にパッと火をつけるようにして捨ててしまうことです。何かを求めるのではありません。出家したら小さい部屋か大きい部屋かにこだわる必要がないし、一人でいようが二人でいようがこだわる必要がありません。

誰かと一緒に住んでいて家を出たら、初めはとてもさわやかでせいせいします。しかし時間がたつとまた寂しくなります。寂しくなるとまた誰かを追い求めます。水が低いところにたまるように、寂しければ男女は互いを追い求めます。そのとき、選ぶ基準を下げれば相手に出会うし、そうでなければ出会えないのであり、前世につくった特別の因縁によって出会うのではありません。

寂しくなるのは本当の出家とは言えないのです。頭を剃《そ》ったら出家したことになるのではなく、せいせいするとか寂しくなるとか、そういうことを超えてしまうこと、言い換えれば、身軽だとさえ思わないのが出家です。身軽というのは、前は重荷を背負っていたという意味なんですよ。だからそう言うのです。そうやって出てしまったのはいいですが、どうして小さな部屋で独り寂しく暮らそうとしているんですか?

そのように暮らそうと思ってしているのではなく、ただそうしているだけなんです。以前は父のおかげで広い部屋で暮らしていたんですが、今はワンルームで暮らしています。初めはとても大変でしたが、今は、寒ければガスボイラーで暖かくもできるんだし、屋根さえあればこんなに気持ちよく暮らせるのだなと感じています。

慶尚北道《キョンサンブット》の聞慶《ムンギョン》というところに浄土会(著者が設立した団体)の道場があるんですが、その各部屋がまさにそういう小さい部屋です。小さい部屋は怠け者の人にはぴったりです。掃除も楽だし、お客がたくさん来ることもないし、来たとしてもすぐ帰ってくれます。

部屋が広ければ、来たお客は坐ってお茶を飲んだり話をしたりしますが、その小さい部屋だと、三拝(三回ひざまづいて礼拝すること)だけしてすぐ出てゆきます。ちょっとのあいただだけお尻を下ろしたら、すぐ帰ってしまいます。
ですから小さい部屋は、一人で暮らす人にはとても便利でいいものです。一人しか坐れないから、坐って話でもしようという人もいません。小さい部屋はいろんな面で良い点が多いですね。

それから、わたしは両親のところを訪ねないので「悪い娘だ」とまわりから悪口を言われているようですが、そう言われても特に何も感じません。わたしは感情が鈍くなったか、なくなってしまったのではないかと思います。

今はなにせ、家族からやけどを負わされて、気持ちがすっかりすり切れてしまっているからそうですが、少しすれば感情がまたよみがえって後悔するでしょうし、また、もし両親が亡くなったりしたら、つくづく後悔するでしょう。
ですから、できれば親の財産が残っているあいだは行かないようにして、財産がなくなったり、両親が今よりもっと困るようになったりしたら、そのとき家に行って両親にも兄弟にもきちんと挨拶《あいさつ》し、自分にできることをすれば、後悔することはないでしょう。あとで自分の感情の処理がしやすくなるということです。

今はそのままの状態がいいので、そのように暮らしながら、兄弟のこととは関係なく、両親に対しては感謝の気持ちをもつべきです。

3　両親の恩と衆生の恩を知るということ

わたしがいただいた銘心文は「お釈迦様、観世音菩薩《かんぜおんぼさつ》様、両親の恩を知り、衆生《しゅじょう》（生きとし生けるもの）の恩を知って、必ず悟りを得ます。懺悔《さんげ》（自分の間違いや愚かさに気づいて悔い改めようと心に誓うこと）をします」です。両親の恩を知り、衆生の恩を知って、法堂に来て歌のピアノ伴奏もしていますが、具体的にどうすることが解脱して悟りに至ることなのか教えてください。

わたしたちがあれこれと多くの不平を言うのは、自分がつくった因縁を知らないためです。自分がつくった因縁を知れば、人を憎んだり恨んだりして不平を言うことはできません。

両親に対して不平が多いのは、親の恩を知らないからです。だから、親の恩を知りなさいということなのです。ご本人は今、親に対して不平はないと考えているかもしれませんが、心の奥底には両親に対する不満と憎しみがあります。お母さんや、お父さんや、一族に対する不満と憎しみがあるのです。

けれども、両親が自分を生んで苦労して育ててくれた恩をひとつひとつ考えてみれば、涙が出ることはあっても、不平を言うことはできないでしょう。「お父さん、お母さん、ありがとう。本当にありがとう。わたしを育てるあいだ、どんなに苦労したでしょう。それなのに、わけもわからずいつも恨んだりしてごめんなさい」このように両親の気持ちになって「わたしを育てるのはどんなに大変だったろうか」といつも考えれば、心の中にある親への恨みが消えていきます。

それに人を恨めば逆に自分が苦しくなるものです。自分の心が、貪《むさぼ》りや怒りや無知によってけがれたものになると、三悪道へ落ちてしまうというわけです。

両親や家庭に不満があれば、その反動でふつうは家を出て早く独立しようとするし、早くから男性ともつきあうようになります。そうなれば、両親に満たしてもらえなかったものを夫や恋人に期待するようになり、初めのうちはそれを克服した気になりますが、結婚して暮らすうちに、夫に対する失望や憎しみがわいてきます。

すると「前世でどんな罪を犯したせいで、こんなだめな男に出会い結婚したのだろう」と後悔し、再び寄りかかれる対象を他に探しはじめます。たとえ離婚まではいかなくても、いつもそんな不満を抱えているため、子どもを生んだら今度は子どもに頼ります。

しかし、子どもが成長すると自分の願いどおりにならないので、また失望することになります。そうすると両親も憎み、夫も憎み、子どもにも裏切られた気分になります。こうなれば、人生は地獄のように感じられるでしょう。

あなたは、幸いにもまだ結婚されていないようなので、今からでも親の立場になって、両親にいつも感謝する気持ちをもちなさいという銘心文になっているのです。そうしなければ、両親への反発心から判断がふらついて、誰かが少しでも良くしてくれたり、自分の不足感を満たしてくれたりしたら、その人にどっぷりと溺《おぼ》れてしまいます。そうしたらあとで後悔するでしょう。

ですから、両親の恩を考えながら自分を見つめる修行をして、その恨みの心を解きほぐさなければなりません。親との関係が楽になり、いつも両親に対してありがたいと思うようになって初めて、結婚生活も円満になり、子どもを生んでも困難がなくなります。

夫婦のあいだにもめごとがある場合は、自分をよく省みて、夫への不満は実は自分の心が起こしていることを知り、感謝する気持ちになったときに子どもを生めば、子どもにもいいのですが、夫に憎しみの感情があるときに子どもを生むと、あとで必ずその子は親不孝になります。

衆生の恩をありがたく思いなさいということは、あなたの心の中に両親に対してだけ不平があるのではなく、世間の人に対しても不平がたくさんあるということです。

楽に安心して通える道、食べ物と家、わたしたちが安らかに暮らすことができるそのひとつひとつをよく見てみれば、他の人たちへの感謝はとうてい言葉で表すことはできません。だから、いつも衆生の恩恵を考えながら唱える一節があります。

「水一滴の中にも天地の恩恵がこもっており、米一粒の中にも万民の労苦がこもっており、一筋の糸の中にも織り子の血と汗がからまっている」

わたしたちは天地の恩恵、衆生の恩恵を知らなければなりません。

わたしが健康に生きるには、きれいな空気や水が必要だし、穀物が育つ土と太陽の光が必要です。わたしたちの目には見えませんが、土の中には数多くのミミズや他の小さな生物たち、バクテリアたちがいて、土の中にあるものを分解・消化して肥えた土になるように休みなく作業しています。この因縁でわたしは生きています。ところが、それは目にとまらないので、その恩恵をすぐ忘れてしまうのです。

この生きとし生けるものの恩恵にいつも感謝するようになれば、初めて会った人であれ見知らぬ人であれ、宗教が違っても肌の色が違っても、喜ばしい気持ちで接することができます。わたしを助けてくれた人、わたしを生かしてくれた人たちに、今まで会えなかったのがこうして縁があって会えたのだなあ、という気持ちになるでしょう。噂《うわさ》にだけ聞いていた人に会ったら、初めて会ってもうれしいじゃないですか。このように恩恵に感謝する心がなければいけません。

一輪の花を見ても、鳥の声を聞いても、明るい月を見ても喜びが生まれるような生活をするべきです。だから、礼拝しながら衆生の恩恵に気づき、それを心に刻みなさいということです。

そうすれば、道を歩いていて誰かに会っても、またどんなに耳障りな声を聞いても、そんなことでイライラしたり憎んだり怒ったり悲しんだりしなくなり、人に会うことも働くことも喜びになります。ですから、何かをするたびにうれしくなります。これを「自由」とも言い「解脱」とも言います。苦しみがなければ、「涅槃《ねはん》」と呼びます。そうなれば仏になったということなのです。その銘心文はこのような境地につながっているのです。

4　納得のいかないことを追及しようとするな

浄土会で礼拝のときに読む『寳王三昧論《ほうおうざんまい》』（修行を妨げる行動を戒めるための十項目の教え）の十番目に「納得のいかないことを追及しようとするな。納得のいかないことを追及すれば憎しみの心を増すので、お釈迦様は、納得のいかないことがあれば、それを修行の入口とみなしなさいとおっしゃったのだから」と書いてあります。

納得のいかないことを追及すれば憎しみの心を増す、というのは実に良い言葉ですが、何もしなければ莫大な財産を失うこともあるし、場合によっては命まで差し出すことにもなりかねません。この部分が理解できないのです。

『寳王三昧論』に出ている十の教えの中で一番受け容れにくいのが十番目です。いつ読んでも「違うんじゃないか」という考えが浮かぶ部分でしょうね。わたしも若いころ、この部分が本当に受け容れにくかったんです。

〝納得がいかない〟ということは、〝自分は正しい〟ということでしょう?　混んだバスの中で誰かがわたしの頬《ほお》をパチンとたたけば、腹が立ちますよね?　身に覚えもないのに突然暴力をふるわれたんですから。納得できず腹が立つことこのうえないでしょう。ところが足もとを見たら、わたしが相手の足を踏んでいて、相手は足の指を痛めていた。それを知ったら、わたしの心はどうなりますか?　頬を一発たたかれても「ああ、ごめんなさい」と言って謝るでしょう。けれども、相手の足を踏んでいることを知らなかったら、納得できず腹が立つだけです。このように自分のつくった因縁を知らなかったら、その報いが納得できず腹立たしいのです。

つくった因縁を知らなければ「なぜわたしの頬をたたくのだ」と言ってカッとなって怒るし、そうすれば相手はもっと腹を立てます。ところが自ら内側を振り返り、自分の足もとを見て、相手の足を踏んでいることを知れば、すまないと思いこそすれ、腹を立てることはなくなります。「すみません」と言うときには、すでに納得できず腹立たしい思いは跡形もなく消え去っているでしょう。

自分がつくった因縁を知らず他人のせいにしていれば、事の是非を明らかにして怒りを鎮めようとします。すると、そのうっぷん晴らしの対象になった相手は、また納得できないという思いをもつことになります。たとえ力では負けても、依然として自分が正しいと考えるからです。だから憎しみの心を増すことになるのです。つまり、わたしが相手を憎んでいると、相手もわたしを憎むようになり、恨みが恨みを生む怨恨《おんこん》の関係をつくるということです。

しかし、内面を振り返って、つまり足もとを見、つくった因縁を知って「すみません」と自分の誤りに気づきそれを悔い改めれば、その恨みの心は跡形もなく消え去るのです。

つくった因縁を知ればすべてのことが皆楽になるとおっしゃいましたが、どうすればつくった因縁を知ることができますか?

殺生《せっしょう》をすれば短命の報いが出てきます。わたしたちは誰でも自分の命を大切に考えます。ですから、誰かがわたしを殺すと言っただけで恨みを抱くし、殺されたら孫子の代までその恨みを晴らそうとします。自分が晴らせなかったら、兄弟や両親、友だちが代わりに晴らすでしょう。恨みを晴らすということは、殺生したその人を殺すということです。

すると、殺した人に災いが行くことになります。では、どんな災いが来るのか見てみましょうか。

恨みを晴らすといって刃物で刺して殺せば、あとで自分に短命の災いが来るし、刺しても死ななければ、相手は一生体を患うことになり、この場合は自分にも疾病の災いが戻ってきます。刺すこともできない場合は、自分は一生その人の悪口を言って過ごすでしょう。するとそれはあとで、自分が人から非難されるという災いになって戻ってきます。ですから殺生すれば、短命や病苦や非難の報いがやって来るのです。

死にそうなとき、誰かが助けてくれたらこの上なくありがたいでしょう。命の恩人だと言ってその人のためなら何でもしようとします。動物も死にそうなのを助けてやれば、恩返しをします。

聞慶峠《ムンギョン》というところにこんな話があります。ある学者が、カササギのひなを食べようとしている蛇に出くわして、矢を放って殺したところ、その夜蛇が来て絞め殺されそうになったという話です。そのとき蛇は、お寺の鐘が三回鳴れば自分は昇天できるから、そしたら助けてやると言いました。すると、急にお寺の鐘が鳴ったのです。鐘が鳴ったとたん、蛇は龍《りゅう》になって飛んでいき、学者は命拾いをしました。その鐘の下に駆け寄ってみると、きのう助けてやったカササギのひな三羽が、飛んできて鐘に頭をぶつけて鳴らし、死んでいたということです。

死にそうになっている命を助けてやれば、その命は恩返しをします。ですから福になって功徳《くどく》として返ってきます。だから「死にそうな命を助けてやりなさい。そうすれば多くの功徳があるだろう」と言うのです。そして「殺生をしたら災いを快く受け容れなさい。災いを受けたくなかったら殺生をやめなさい。福を受けたかったら死にそうな命を助けてやりなさい」というお釈迦様の言葉は、どこの誰が聞いても皆同意できるものなのです。

わたしはこれまでの生涯で健康だったことはありません。中学校のときも、百メートル走をしたら全身に赤い斑点が出て倒れてしまい、息もできないくらいでした。その後もずっといつも体調が良くありません。体のどこかが特に悪いというのではありませんが、全体的にいつも体調がすぐれないのです。

このように、体がふつうの人のようには健康でないだけでなく、捕まって拷問を受け、死にそうになったこともあるし、監獄にも行きました。また、ものすごく罵倒《ばとう》されもしました。それも世間の人が言う〝善いこと〟をしているがゆえにです。

飢えている北朝鮮の同胞たちを助け、北朝鮮から逃げてきた難民を助けていますが、わたしが中国や北朝鮮に行けば、監獄に入れられる可能性は高いのです。このように国家権力から目をつけられたくなければ、こんなことはやめればいいのですが、わたしとしてはどんな困難があってもやろうと思っています。

わたしは、自分が前世で殺生の因縁をつくっていて、その借りを今返しているのだと考えています。例えば朝鮮時代に王様になっていて、人びとを捕らえてお尻を打ったり、悪人の首をたくさん斬《き》ったりしていたとしたら、統治者としては清廉潔白であるかもしれませんが、死んだ人たちとその家族は恨みで胸が張り裂けそうになっていたでしょう。

その人がわたしに抱いた恨みを一度に晴らすなら、わたしはある日、非業の死を遂げることになるでしょうし、その人がねちねちと恨みを晴らせば、わたしはいつも病床で暮らすことになるでしょうし、恨みを思うように晴らせなければ、わたしは一生涯罵倒されながら生きることになるはずです。

そう考えれば、わたしがいま体が弱く、時には罵倒されることがあるとしても、わたしがつくった因縁の深さに比べれば、その報いが非常に軽いということです。つくった因縁どおりに報いを受けたら、ある日、道端で非業の死を遂げなければならないのに、今死なずに生きているんです。どんなにありがたいことでしょうか。

つくった因縁を考えれば死ぬのが当然なのに、その十分の一、百分の一の報いさえ受けていません。それを知らないうちは納得できず腹が立ちますが、それを知れば腹も立たない、ということなのです。この程度の罵倒しか受けず殴られることもないというだけでもありがたいし、仮に何度か殴られたとしても殺されないだけでありがたいし、体調が悪くふらふらしていても、病床にいて何もできないことに比べればどんなに良いでしょうか。

殴られても「すみません」

このようにつくった因縁を知れば、今わたしに与えられた報いを喜んで受け容れられるのです。道理を知れば、こんな因縁の報いに対して悔しがったり腹を立てたりするより、つくった因縁に対して自らの間違いに気づき、それを正そうとするようになります。殴られても「すみません」と言うようになります。例えば借金した人は、お金を返すときにもののしられることがあるでしょう？「おい、一度に返せ。なぜこれだけしか持ってこなかったんだ？」そしたら、「すみません。今度また持ってきます」と相手に謝りますよね。

菩薩は、一切の衆生を救済しても自分が救ったという考えはありません。借りを返したという心で行うので、期待する気持ちはないのです。因縁をつくったことを知ってその報いを快く受け容れれば、借りをつくった人は、まさに菩薩の行いをするようになります。ですから、因縁に良い、悪いはないということなのです。つくった因縁を知らない人は、悪い因縁だ、良い因縁だ、と言いますが、因縁を知ってその報いを喜んで受け容れれば、因縁に良い、悪いはないのです。

わたしがもし僧侶にならずに仏教の勉強もしなかったなら、どうなっていたでしょうか。たぶん人の気持ちを傷つけるようなこと言ったり、判事になって死刑を宣告したりしていたでしょう。原理原則どおりにする性格が強いからです。

自分の業識《ごっしき》(心の習慣的な傾向)を知ることができる方法が二つあります。一つはどんな因縁をつくったためにこんな報いが来たのかを考えることです。今タバコを吸っているのを見れば、きのうもタバコを吸っていただろうと考えるのと同じです。

二つ目は、この意識はどんな状況に出会ったとき起こるのかをよく観察することで、自分の心を知ることができます。「自分自身を知りなさい」というのは、自分の〝業識〟を知りなさいということなのです。深い瞑想に入れば、自分の業識をはっきりと見ることができます。

スニム（韓国語で僧侶という意味。僧侶に呼びかけるときにも使う）のお言葉を心に銘じます。ところで、恨みの心をもたずに納得のいかないことを追及することはできますか？

ええ。悔しい気持ちや腹立たしさがない状態で、つまりわたしが悔しく腹立たしいからそうするのではなく、世間の人びとの利益のために追及しなければならないという場合です。わたし自身はすでにその因縁に気づき心から「すみません」と言ったことで、悔しい気持ちはもっていないけれども、という場合です。

そして追及して正そうとするときは徹底的にしなければなりません。どんな被害があっても最後まで追及するのです。どんな利益にも誘惑されてはいけません。なぜなら、わたしのためにするのではなく、世間のためにしているからです。そのためには勇気が必要だし、智慧が必要です。

だからこそ、まず悔しい気持ちや腹立たしさを手放さなければなりません。その気持ちをもったまま相手を追及すれば、相手がまた恨みを抱き抵抗することになります。しかし、憎しみや恨みの心をもたない状態でそれを追及し正すことができれば、世間に利益をもたらします。

過去にわたしたちがしてきた社会改革運動は、悔しく腹立たしいという気持ちによって抵抗してきたものです。ですから、新しい歴史を創造するとき、多くの限界がありました。今、わたしたちがすべきことは、修行を通してそれを克服し、少しでも良い社会にするために追及し正していくことです。そうして初めて創造性が生まれるのです。

5 殺生と報いについて

お釈迦様は前世で、縫い物をしているとき誤ってシラミを一匹殺してしまい、その罪で背中に腫《は》れ物ができて苦労されたのち涅槃へ入られたという話を、あるお坊さんの書かれた文で読んだことがあります。

わたしは蚊や蠅《ハエ》やゴキブリを誤ってではなくただ殺してきたし、そればかりか七年前には、交際していた恋人に妊娠中絶までさせてしまいました。殺人までしたということです。ならばわたしの罪は本当に重く、清めることができないように思います。

まず、ものごとを見る角度は多様であるということを申し上げなければなりません。ふつうわたしたちは、偉大で完全な智慧をもつお釈迦様が、背中に腫れ物ができ、下痢をして、病気になって亡くなることがありうるのかという疑問をもちます。もしそうなら、悟りを開かれた方とそうできないわたしとのあいだに、どんな違いがあるのかという気持ちにもなります。ですから、その点について何か解明する必要があるでしょう。それで出てきたのがお釈迦様の前世の話です。

「今ではなく過去の生においてした失敗ではあるが、シラミ一匹を殺し、その殺生の報いとして背中に腫れ物ができた。しかしその報いはつくった因縁に比べてとても軽いものだった。殺生した報いをそのまま受けたら死ぬのが当然だが、修行をたくさんされたので背中の腫れ物くらいですんだ。他の功徳によって軽くはなったが、それでもつくった因縁の報いはなくなることはないので、その跡形が少し残って腫れ物が出たのだ」という話です。このようにお釈迦様の前世の話は、浮かんできた疑問に対して答えてくれると同時に教訓も与えてくれます。

まず第一に、わたしたちは、自分が知っていようがいまいがつくった因縁に対する報いを受けているのですが、自分に与えられるそれぞれの報いを、恨んだり煩わしく思ったりせず、つくった因縁の報いだと考えて快く受け容れよ、ということ。第二に、今後はそんな因縁はつくるな、ということです。

殺生をするな、盗むな。今、少し楽に生きるためにスプーン一つを盗んだら、あとで数万倍のものを返さねばならず、今、ちょっと気分が悪いといって怒ったら、あとで数千倍の災いが返ってくるのだから、そんな行動は愚かなことなのです。ネズミが毒団子を食べるのと同じ、また魚が釣り餌に食いつくのと同じということです。

ところがこのような説明は、世間の人が因縁の法則を知って、それを守りながら暮らすことでより誠実に生きるためにはたいへん役に立つのですが、目覚めていない人の見解だと思います。もしその人が目覚めた人だとしても、依然として世間流の考え方をもっていると言えるでしょう。

なぜかというと、目覚めているということは、酒を飲まないとか、においの強いネギなどの野菜を食べないとか、肉体的に健康であるといったことと関係がないからです。悟りの境地は、世俗的なものごとを超越した世界だからです。

質問にあったお釈迦様の受けた報いの話は、病気になるのは悪いことだとしたうえで、なぜこんな悪いことがお釈迦様のような偉大な方に起こるのかを説明しています。現象の良し悪しに執着した見解です。

だから世俗で言う「五つの福」、つまり金持ちで、地位が高く、名誉があって、健康で、子どもが立派に成長する、という福があれば、前世で善いことをしたからそうなったのだと説明し、そうでなければ、前世で何か間違いを犯したからその結果が出たのだと説明します。結局、「五福」が良いことだとしているわけで、それは世間の考え方です。何が良い、何が悪いと考えるから、それについて説明する必要があるわけです。

年をとれば老い、病気になれば苦しむもの

悟りの境地は、体が健康か病弱か、病気になるかならないかということとは無関係です。年をとれば老いるし、病気になれば苦しいものです。食べ物を満足に食べられなかったらやせるし、たくさん歩いたら足が痛くなるだけで、そんなことは悟りの境地とは関係がありません。

わたしたちは清らかだとか、汚いとかいう評価を勝手につくって、自らが汚いところにいれば「衆生だ」と言い、汚いものを捨てて清らかなものを取れば「清浄《しょうじょう》だ」と言います。しかし悟りの境地は、汚いものを捨てて清らかなものを取る世界ではなく、もともと汚いとか清らかだとかいうことはない、ということに目覚めたわけですから、捨てるものも取るものもない世界なのです。

病気になった体だからといって悪いわけではないし、健康な体だからといって良いわけ

でもなく、体のそのときの状態がつねに真如《しんにょ》（ありのままの真実の姿）なのです。

病気の体でも目覚めることはできます。病気のために目覚められないこともあります。病気で苦しいということに執着すれば、かえって修行が困難になるけれど、病気になってこの体が無常（生滅流転する）と知れば、むしろ悟りの道へ向かいます。維摩《ゆいま》という信徒は、病気になったとき見舞いに来た人を悟りに導きました。

悟りの世界から見れば、そこには因も縁もなく、果もないのです。この次元で見ると、因とか縁という話は、起こっている現象を分別《ふんべつ》（判断）して、その分別妄想《ふんべつもうぞう》（自分の判断を真実であると思い込む意識）で、原因を探そうとしていることだと言えます。それなら、因縁の説明など必要ないのでしょうか？ そうではありません。

人生でわたしたちが分別妄想を起こす限り、必ず輪廻する衆生となり、衆生の世界では因縁の法則は徹頭徹尾成立します。わたしたちが衆生の世界にいるとき、このような前世の話は多くの教訓を与えてくれるのです。けれども、お釈迦様は分別妄想を超えた世界にいらっしゃるので、その方について因縁果報の話をするのは、まだわたしたちが妄想《もうぞう》の世界にいるためだと知らねばなりません。

衆生の世界に生きるときは、自分の命が大切なように、他人の命、他の生き物の命も大切だということを理解すべきです。わたしたちは自分中心に考えながら生きています。自分の目に見えなければ良心の呵責《かしゃく》を感じることもなく、質問者がおっしゃったように、いらなければ自分の子どもでも殺してしまいます。

わたしたちは特別に選ばれた存在ではないのです。このありのままの姿、煩悩《ぼんのう》にとらわれた衆生であることを認めることはとても重要です。中絶したことや、蚊や蠅を殺しゴキブリを殺した罪のために毎日胸を痛めていたら、苦しいでしょう？　でも仏教は、わたしたちにこのような苦しみから解脱する道を教えています。

このような報いを知り、このような因縁をできればつくらないようにしなさい。そしてすでにつくってしまったなら快く報いを受け容れなさい、ということです。しかし、それは衆生の世界での話であって、妄想から目覚めた悟りの世界から見れば、夢の中で殺人をしたようなものだと教えているのです。

わたしはもうずっと前からじっとしている

九十九人を殺した殺人鬼アングリマーラが、歩いておられたお釈迦様を殺そうと駆け寄って大声で「止まれ！」と叫んだとき、お釈迦様がただ微笑みながらおっしゃったのは

「わたしはもうずっと前からじっとしている。じっとしていないのはおまえのほうだ」という言葉でした。思いがけないこの答えに、アングリマーラは何のことだろうかと疑問を感じました。この瞬間には、殺そうという心は残っていませんでした。ひたすら殺意の一念に傾いていたその迷いの心から、すでに一足抜け出した瞬間だったからです。

さて、お釈迦様の言葉はどんな意味なのでしょうか？　如来《にょらい》というのは、行くところも来るところもない境地にいる者のことを言います。もし如来が「行く」と言っても行ったのではなく、「来る」と言っても来たのではないということです。『金剛経』に「お釈迦様に対して行く、来る、坐る、横になるという言葉を使うことは、お釈迦様の言葉の意味を理解していないことになる」と書かれているのは、お釈迦様は分別妄想を超えた穏やかな境地にいらっしゃる方だということなのです。

お釈迦様のその言葉に、じっとしていないのは自分のほうだと気がついた殺人鬼は、パッと正気に戻りました。それまで完全に狂っていたのに、自分が恐ろしいほどの犯罪を犯してきたことに急に気がつきました。それでお釈迦様の前にひざまづき、「いったいどうしたらよいのでしょうか？」と尋ねました。すでに妄想から覚め「わたしのような者にも救いの道があるでしょうか？」と言ったので、お釈迦様は弟子になさいました。

ですから、わたしたちは自分が煩悩にとらわれた衆生であることを知り、いつも謙虚な気持ちで生きなければなりません。そして自分が衆生であるということを知ったうえで、できるだけ生命を殺さないような、そんな社会をつくっていくべきです。

6 正しい胎教とは

どんなことが本当に正しい胎教なのか、また教育はどのようにすれば子どもに一番良いのか、教えてください。

人間だけでなくすべての生命体にとって種が一番大切です。そして次にはその種がどのように芽を出すか、ということが大切であり、その次に重要なのはどのように成長するか、ということです。

種がどんなものかということが収穫に大きく影響します。それなら、種さえ良ければいいのでしょうか？　そうではありません。種も一つの要因であり、畑も一つの要因であり、気候もまたそうです。どれか一つだけが決定的なのではありません。

人間の場合も生物学的に見れば種がそれぞれ少し違うでしょう。アメリカ人と韓国人では種が違うはずですよね？　生物学的な種も人間の基礎要因の一つです。ですから、精神的な種は生物学的な種子とも少しは関係があります。精神的な種子ができるのは、生まれたあとからだとする見方もあれば、お母さんのお腹の中からだとする考え方もあるし、精子と卵子が結合するときからだとする見方もあります。

宗教では人間にだけ精神作用があると見ていますが、実際は猿や犬にも初歩的な精神作用はあります。それなら哺乳類《ほにゅうるい》にだけあるのでしょうか？　それは違います。実は爬虫類《はちゅうるい》にも、多少劣ってはいるものの精神作用はあるのです。

いわゆる学習の効果、経験の効果というものは、たいへん下等な原始動物であるミドリムシにもあります。例えば、ミドリムシに一度電気ショックを与え、そのあともう一度ショックを与えると、初めにショックを与えられたミドリムシと、そうでないミドリムシとでは反応が違います。ということは、とても初歩的ではありますが、学習能力はあると見ることができます。

つまり、精神作用は人間にだけあるというよりは、とても原始的なものから少しずつ拡大し発展してくるものだと思われます。これを人間の誕生にあてはめて考えてみると、子どもがこの世に生まれたときから精神作用が始まると見るのは、人間にだけ精神作用があると見るのと同じであり、お腹の中にいるときから子どもに精神作用があると見るのは、哺乳類にも、とても初歩的であっても精神作用があると見るのと同じことになります。

そして、例えばミドリムシにも学習能力があると見れば、精子と卵子が結合したときから初歩的ではあっても学習能力があるとみなせます。精子と卵子が結合した初期細胞は、ほとんど原始生物の状態なのですが、実際そのときから学習効果があるといわれています。

ですから、最初にどのように精子と卵子が結合して種子ができるのか、ということが一番基礎的な影響を与え、二番目は、そのときから出生前までお母さんのお腹の中にいるとき、その次は、出生から生後三年までが大きな影響を与えることになります。

ところで、あえて前世と魂に関連させて話をすれば、人は自分と因縁のある魂を身ごもると言えます。自分と何の因縁もない魂は、自分の子どもとして身ごもるわけがないということです。したがって、自分が誰と結婚するかによって生まれる子どもが違ってきます。なぜなら二人に因縁のある魂を身ごもるからです。

それなら数多くの魂の中で、どの魂がやって来るのでしょうか。それは二人の精神状態によって違います。つまり、その瞬間に善良な心をもてば善良な因縁が来るし、悪い心をもてば悪い因縁が来るのです。だから昔は、夫婦が共に寝るということを非常に重視しました。そうする日も選んでお祈りもしたのです。

三歳までの育て方がとても重要

ですから重要なのはまず、子どもを持つときどのような因縁を呼ぶか、つまり種に関することです。その次に重要なのは、子どもがお腹の中にいるとき、お母さんがどんなことを考えるかですが、これは種が芽を出す時期と同じです。そして芽が伸びて双葉がパッと生えるのは、お腹の外に出るのと同じだと理解すればよいのです。

お腹の中にいるときは、身体的にも精神的にも組織がとてもか弱くて、お母さんの神経が子どもにつながっています。例えば、ご飯を食べながら癇癪《かんしゃく》を起こしたら消化に悪いのと同じように、妊娠中に怒ったりすると、すべて子どもに影響が出ます。ふつう、憎しみの感情を覚えたりひどく驚いたりすれば、子どもの心臓が弱くなったり、六つの認識器官(眼《げん》・耳《に》・鼻・舌《ぜっ》・身・意)に異常が生じたりします。ですから胎教ということでは、摂取する食べ物も大切ですが、精神的な面も重要なのです。

その次は、子どもが生まれたあと、世間のものごとがそのまま刻印される段階です。学習の中では、これが一番根源的なものです。およそ三年のあいだに受け取り蓄えられた情報が、自我、つまり自分の業識の基本的要素になります。ですから、これをあとで変えようとしても非常に難しいでしょう。

その次の、三歳を過ぎてからは、いわゆる学習に入る時期です。刻印作用によって形成された自我意識を通して学ぶ段階です。これは一般に幼児教育といわれるもので、それがある程度進んで、いろいろな分別まで生まれれば、次はお母さんから離れようとします。

そのとき、子どもが離れていこうとするのに、お母さんが抱きしめて離さなければ、反抗するようになりますが、それがいわゆる手に負えないいたずら盛りの時期です。

そのあとは、幼稚園や小学校の時期になるでしょう。このときから外に出て、他の人がすることを見て学習するようになります。そのとき何を見せてやるかがとても大切です。

人はこのように成長していくものです。ですから、思春期までを成長期間と見なければなりません。思春期は完全に自立する時期であり、思春期を過ぎれば大人になります。自然界の動物の場合は、この時期に完全に独立します。

人間は生まれてから三歳までは、身体的にも精神的にもか弱い時期です。そのとき、成長に必要な栄養素が供給されなければ、肉体的な欠点が生まれ、精神的に愛情を受けられなければ、その空《むな》しさのために一生心の安定が得られなくなります。

つまり、三歳までをどのように育てるかは、子どもの成長にとってたいへん重要なのです。そのときに家庭不和があったり、お母さんが苦しんだりしたら、子どもにもそんな心が形成されます。夫ともめごとがあり、逃げ出したい気持ちでいつも不安だったら、子どももいつもそわそわする心を見習ってしまうのです。

ですから、結婚する前に修行をすれば、胎教や胎教以前の問題は自然に解決されます。互いに心を穏やかに保って生活すれば問題はありません。

第2部　気がかりのない心　軽やかな人生

欲を出したり腹を立てたりするのを
我慢して暮らすことが修行だと思われていますが、
それは修行ではありません。
単に善良な人として暮らすということです。
このような人は心が重くなっています。
腹が立つときは、
なぜ腹が立つのかを注視するのが修行です。
人のせいにすることもなければ、
自虐的になることもありません。
ただ「ああ、また腹を立てたなあ」と思い、
すぐにそれを手放します。
こうすれば心はいつも軽やかなのです。

7　夫の弟に腹が立ってたまりません

わたしの夫の末の弟には障がいが少しあります。今、四十八歳ですが、結婚せずに母親と二人で暮らしています。それでわたしはいつも「自分が前世でつくった因縁のために、この弟に会ったんだなあ」と考えて、良くしてあげようととても努力しているのですが、義弟はいつもわけのわからないふるまいをするので、腹が立って頭がかっかすることもあります。

「どんなことがあってもわたしが良くしてあげなければ。業《ごう》（報いを引き起こす行為）を清めて来世では会わないようにしなければ」と考えて最善を尽くしているのですが、義弟はしょっちゅうわたしを怒らせるようなことをするのです。時々理解できない行動をとるし、道徳的に善くないこともやります。毎日仏様に三千拝（三千回、五体投地して礼拝《らいはい》すること）をしていますが、義弟のことはうまくいきません。

そうするうち、二か月前に、義母が急に具合が悪くなって入院し、それからちょうど一か月後に、今度はわたしが目の病気で手術をしました。それでなぜこんなに災いがよくふりかかってくるのだろうと思い、わたしなりに先祖の霊を慰めなければいけないのだろうかと考えています。このごろは『金剛経』を毎日二時間ずつ読んでいます。今日はわたしにぴったりの銘心文をくだされば、そのように精進したいと思います。

腹を立ててはいけないと思って我慢してはいけません。質問者の方は何でも我慢して自分を抑えようと決心したのでしょう? うまくやらなければいけない、我慢しなきゃいけない、と決心したのでしょうが、決心したり我慢したりすることは修行ではありません。「起きたくないけれど起きなければ、うまくやらなければ、我慢しなければ」このように考えることは修行ではありません。それが修行なら、すでに修行はできているでしょう。「神様、仏様、こうしてください、ああしてください」と祈ってうまくいくなら、とっくにうまくいっているはずだし、「こうしなければ、ああしなければいけない」と決心してうまくいくなら、この世のすべてのことはすでにうまくいっているのではないでしょうか。

今、質問者の方は「うーん、わたしが我慢しなけりゃ、わたしが良くしてあげなけりゃ」

とばかり考えています。

「なぜ腹が立つのだろう？　彼がこう言うと、こんなふるまいをすると、なぜわたしは腹を立てるのだろう？　彼はただそうしただけなのに……」腹が立つたびに、この点をあらためてよく観察しなければなりません。「なぜ腹が立つのだろう？　彼が寝そべっているから、怒鳴っているから、怒っているからといって、なぜ腹が立つのだろう？　何のせいでわたしは腹を立てるのだろう？」このようにいつも深く観察しなければなりません。そうすれば、この問題はすぐに解決できるでしょう。

義理の弟さんは障がいをもっているので、きっと自分の意のままにならないことがあると思います。そうしたら他の人に対してどう感じるでしょうか？　劣等感があるんじゃないでしょうか？　被害者意識があるんじゃないでしょうか？　だから話し方やふるまい方が過激だったり、ヒステリックな反応をするのでしょう。

それなら弟さんの心情を一度理解してみてください。弟さんの心を理解したら、彼が腹を立てたときも、「ああ、そんなに怒るなんてさぞイライラしたからなんだろうなあ、そんなに癇癪《かんしゃく》を起こすなんて、さぞ思うようにいかなかったんだろうなあ」と、思い返すことで、自然に解決するでしょう。

ところが質問者の方は、彼のふるまいが悪い、彼は間違っている、という前提に立っています。そうしておいて「前世で彼とどんな因縁があったから、今こうして会っているのだろうか。ああ、でも我慢すれば来世ではもう会わずにすむだろう」と考えています。この考えの中には〝彼は悪い人だ〟という前提があるんじゃないですか？

彼に問題があるという考えが間違い

彼が悪い、という考えがまさに間違っています。彼は間違っているという考え、彼が問題のある人だという考えそのものが病なのです。彼には問題はありません。彼に間違いはありません。彼はただそのように生まれて、あるがままに話し、あるがままにふるまっているだけです。それを見て、あなたが自分の損得や都合にとらわれて、相手に問題があることにしているのです。

相手に問題があると考える限り、いくら我慢しても、祈っても、泣いても、決心しても、その問題は解決しません。

問題などないということがわからなければなりません。自分から見て問題があると思うから問題があるのであって、弟さんの側から見れば問題はありません。彼は自分の境遇の中で、自分なりに反応しているのです。体が不自由だから癇癪を起こし、満足できないので怒るわけですから、その立場を理解するのが重要だということです。

質問者の方の無意識の内に潜んでいる考え方のほうが、どれほど間違っているでしょうか。「わたしが現世で我慢し、耐えて、良くしてあげれば、来世では彼に会わずにすむだろう、こうして業障《ごっしょう》(正しい道へ向かうのを妨げるような悪い業)を消せば彼に会わないだろう」という考えには、その人には二度と再び会いたくないということが前提にあるでしょう? 「あの人は悪い人間だ、だからわたしは彼に会いたくない。わたしが現世で努力したら、来世では会わないだろう」という考えがあります。そこにはすでに彼に対する憎しみがぎっしり詰まっているのです。ですから、それはどんなに決心しても解決できません。

人びとは仏教を間違って理解して、前世についての愚痴を本当にたくさん言います。夫婦が一緒に暮らしたら、互いに性格が違い、意見が違い、趣味が違いますね? そのとき、それぞれが自分の意地を張ったら争いになってしまいます。自分のやり方だけでやろうとすれば、けんかになります。そうすればいざこざが起きて苦しみます。苦しいから相手が憎いでしょう? だから「なんでこんな人に出会ったのか」と考えて、結局は「前世で罪をたくさん犯したから、こんな人に出会ったんだ」と思ってしまうのです。

自分とは違うという事実をそのまま認める

でも、相手の気持ちをくみ取って「ああ、あの人の好みはそうなんだなあ。あの人の考えはそうなんだなあ。あの人の意見はそうなんだなあ」と考えればどうなるでしょう？　それでも争って苦しむでしょうか？　自分と違うということを認めなければなりません。「わたしはこう考えるけれど、あの人はそう考えるんだなあ。わたしの意見はこうだけれど、あの人の意見はそうなんだなあ。わたしの好みはこうだけれど、あの人の好みはそうなんだなあ」と、相手が自分と違うという事実をそのまま知ることが、相手を認めるということなのです。

認めるということはまさに相手を尊重することです。相手を立派だと考えることが尊重することなのではありません。その人はそのように考え、そのように行動し、そのように話し、その人の好みはそうだ、というふうにその人自体をありのまま認めることが、すなわち尊重するということなのです。

自分がこれを買いたいときに夫がやめておけと言ったとしても、夫が自分にやりたいことをさせないというのではなく、意見が違うというだけのことでしょう。二人の欲求や考えが違っているだけです。自分が正しくて、夫が間違っているのではありません。「わたしは行こうとしたのに、夫が行かせないように干渉した」というのは、自分は正しくて夫は間違っているというニュアンスですが、事実はただ考えが違うだけだ、ということを認めるべきなのです。

そんなに違うのにどうしたらいいのか、というのは次の問題です。違うということを認めれば、腹は立ちません。行くなと言われても、「うーん、わたしとは考えが違うんだなあ」と受け止めるでしょう。

とはいえ、自分が相手にすべて合わせるわけにもいかないし、相手が自分の話を全部聞き入れてくれるわけでもありません。だから、違うということを認めてから、行きたければ行くということなのです。でなければ「今回は、わたしが夫の要求を受け容れて家にいよう」と言って家にいるということです。

このように互いに違うことを認めて受容しさえすれば、もめごとはなくなります。もめごとがなくなれば、関係も良くなります。関係が良くなるから幸せになるでしょう。そうすると、どんなふうに考えますか？「ああ、前世でどんな善い行いをしたためにこんな男性に会えたのか」こうなります。

今が良ければ、前世で善い行いをたくさんしたと考えるし、今が悪ければ、前世で罪をたくさん犯したと考えます。では、そのような考えはすべてどこで起こっているでしょうか？　今、起こっているのです。それは前世に由来するものではありません。

質問者の方は、義理の弟さんが道徳的に善くないことをすると言われましたが、道徳というものも、時代によって変わり、判断する人によっても変わってしまいます。ですから、弟さんが道徳的に善くないことをするというその考えも、間違っています。

そんな考えをもったままでは、解決しようとしても絶対に問題は解決できません。骨を折るだけで何の解決にもなりません。問題などない、ということがわからなければならないのです。

それでは、問題がないとはどういうことでしょうか？　仏教の根本教理で言えば「諸法無我」（すべての存在はつねに変化し実体がない）、『金剛経』で言えば「凡《およ》そ所《あ》らゆる相は皆是《これ》虚妄《こもう》なり」（心が認識する形はすべて実体のないものである）、『般若心経』の論理で言えば「五《ご》蘊皆空《うんかいくう》」（物質や精神に固定的な実体はない）ということです。「五蘊皆空　諸法無我」と覚えてどうしますか？　現実の世界で適用しなければ無意味でしょう。

夫がお酒を飲んで夜十二時に帰って来たとき、遅く帰ったから悪いとか、お酒を飲んだから悪いというのは誰の考えですか？　自分の考えでしょう。それは自分の考えだということをよく知って、「自分の考えにすぎない」と思うべきです。考え方は人によって違います。

だからといって「こう考えたらだめだ。わたしが間違っていた」と思いなさいということではありません。誰の考えが正しくて誰の考えが間違っているというのでなく、考え方はそれぞれ違うということを認めなさいということです。

人が他人とまったく同じように考えるなんてことがあるでしょうか？　皆違うでしょう。ところがわたしたちは知らないうちに、自分の考えを基準にして、相手に対し間違っていると言うのです。自分の考えを基準にして相手を見て、早い、遅いと言います。

このように自分を中心にして見るところから、万病が生まれます。それを「我想」といいます。その我想を捨てなければなりません。病は自分にあるのです。自分が正しいという考えをもっているために起きた病です。

ですから一番確実な銘心文は何でしょうか？「それはわたしの病だ」——これを自覚することが一番早い方法です。修行をするなら、ひれ伏して礼拝しながら「ああ、わたしが愚かでした。わたしがあなたの気持ちをくみ取れませんでした」と、心に刻まなければいけないでしょう。自分が正しいなんてまったく言えず、自分が正しいという考えが間違っていたというわけです。愚かさを悔い改めようと心に誓わなければなりません。

月が自分を悲しませたのか

詩人は丘の上に浮かんでいる月を見て、「ああ、今夜は月までわたしを悲しませるなあ」と詠《うた》ったりします。何と情緒のあることでしょう。しかし、月が自分を悲しませたのでしょうか、自分が月を見て悲しんだのでしょうか？

わたしがこのように尋ねると、皆「そりゃあ、自分が月を見て悲しんだんでしょう」と言います。ところが、夫がお酒を飲んで「おい、おまえ」と言ったとき、夫があなたを怒らせたのか、あなたが夫の言葉を聞いて怒ったのか、と聞けば、「夫がわたしを怒らせたんです」と、百人中百人が答えます。

そんな夫の行動を見て誰が腹を立てましたか？　自分が腹を立てたんでしょう。夫があなたを怒らせたのではなく、あなたが自分で腹を立てたんでしょう。

義理の弟さんに何の罪がありますか？　障がい者であることだけでもやりきれないのに、兄嫁から「前世にどんな罪を犯したせいであなたに会ったんだろうか。こんなに良くしてあげたのだから、来世では二度と会いたくない」と考えながら毎日礼拝されるのは、呪われているのと同じです。そんな意地の悪い心でいたら、福を授かるはずがないでしょう。そんなふうに考えながら仏様に礼拝してはいけません。

ちょっと厳しい言い方をしましたが、だからといって、彼に対してとった態度だけを反省して礼拝してはいけませんよ。礼拝しながら自分の考え方そのものが間違っていたことに気づき、反省して心を入れ替えなければいけません。

8　母に対し不満がたまっています

わたしは、以前はよく勉強ができたのですが、今は成績が悪くなりました。そうしたら、母がわたしの人格を無視し差別をするようになったんです。母が勉強しろと小言を言うのは、わたしを愛しているからだとわかっています。けれど、わたしを無視したり差別した言い方をしたりするので、母に対する不満がつのり、感情的にとても悪い関係になったりもしました。でも、そんなときにわたしが病気になったため、母は勉強のことはあきらめて、今は精一杯看病をしてくれています。

母は、わたしが成績を落としたり、闘病生活を送ったりしているので、運勢を見てもらいに行ったようです。すると、実際には三人の子どもがいるのに、占い師から子どもは二人だと言われ、わたしは母とは生まれつき相性が悪いから合わないと告げられたそうです。それで母は自分の職場には絶対にわたしを連れていってくれません。そ

んなふうに腹の立つことがあると、本当につらいです。

解決方法はいろいろあるでしょう。一つ目は、娘の心に母親への不満がたくさんたまっているので、母親が修行してそのすべてを抱きとめてあげるという方法です。娘が心にためていることを全部聞いてあげ、解きほぐし、理解してあげるのです。

「あのとき、わたしがああ言ったから悲しかったのね。ごめんなさい。そんなに深い意味はない言葉だったんだけれど……あなたの傷ついた心をわかってあげられなかった。ごめんね」このように、たまっているものを全部吐き出させて受容し、解決するということです。

しかし、この方法は自分の運命を母親の手にゆだねるということです。お母さんがそうしてくれればいいけれど、してくれなかったら解決できません。今、お母さんがそのようにしてくれるでしょうか？　たぶん無理でしょう。なぜかというと、お母さんはお母さんなりに、夫や姑《しゅうとめ》、子どもたちに煩わされてひどく傷ついているので、人の問題を解決してあげる心の余裕がないからです。

二つ目の方法は、自分で解決することです。お母さんに対してためてきた不満をひとつひとつ思い浮かべては、お母さんの立場からもう一度眺めてみることです。「あのときは腹が立ったけど、お兄さんがわたしより年上だから、お母さんはそうしたんだろうな。わたしが幼くて愚かだったんだなあ。お母さん、ごめんなさい。わたしがあんなに意地を張って泣きわめいたから、さぞつらかったでしょう」このように自ら気づいて悔い改めることを心に誓い、しこりを解きほぐすのです。

そのほかに、第三者であるカウンセラーに、お母さんの代わりに話を聞いてもらう方法があります。カウンセラーはお金をもらって仕事としてやっているので、ほとんどのことは我慢強く聞いてくれるでしょう。ところがこれは、たまったものを吐き出すところまでは役に立ちますが、とりあえず不満を消すだけで、根本的な解決にはなりません。

これまでの三つの方法が、もつれた糸を解きほぐすことだとすれば、四番目の方法はもつれた糸をただ切ってしまうものです。存在の実相を深く見つめて、それが空《くう》であること（固定的な実体がないこと）に確然と目覚めれば、お母さんの行為と言葉はただ空《むな》しいものだとわかります。

「成績が悪いから、お母さんがわたしの人格を無視して差別した」と信じているようですが、それが事実なのか考えてみることです。お母さんはただふつうに言ったりふるまったりしているだけで、それを見聞きしている自分が「お母さんは、わたしの成績が悪いから差別した」と認識しているんじゃないか、ということです。

わたしがそう感じたということもありますが、お母さんもわたしを差別してすまないと言ったんです。

たとえお母さんが「おまえは人間じゃない」と言ったとしても、実際に自分が人間でなくなることができますか？　腹を立ててそう言っただけのことです。ですから、お母さんがそのときこう言ったから、ということにこだわって、人間として扱ってくれず差別したと考えたなら、それは仏教を学ぼうとする人のとる態度ではありません。お母さんが何と言っても、それはお母さんの気持ちにすぎず、自分とは関係のない話です。

そんな言葉を聞いても「お母さんはわたしを差別した」という考えを起こさなければ、自分が傷つくことはありません。自分がそう考えたために、心に傷が残ったのです。まさに自分がしたことなのです。

わたしたちはたいてい、腹を立ててカッとなるたびにこのように言います。「あんなことをされて腹を立てないでいられるか?」子どものせいで、嫁のせいでうんざりしている。こんなときはいつも相手が自分に何かしたから腹が立つのだと考えます。けれど少し深く観察すれば、相手の言葉や行動を見て〝わたしが〟腹を立てイライラしたんだということがわかります。

今、法話を聞いているこの法堂で携帯電話が鳴ったとしましょう。そうしたら、その音を聞いた人の反応はどうでしょうか。皆違う考えをもつことでしょう。

司会者は「あの人は、わたしが何度も注意しておいたのに、まだスイッチを切っていなかったのか?」と思ってイライラするでしょうし、後ろに坐って法話が退屈だと思っていた人は、その音を聞いたとたんにパッと目が覚めて、気分が変わって面白いと感じるかもしれないし、また、前に坐っている人はわたしよりももっと神経質になるかもしれません。法話に集中しなければならないのに、近くで音が鳴ったのでとても気に障るでしょう。

電話の音がわたしを怒らせたと言いますが、電話の音はただ鳴っただけであり、人がどんな考えをもっているのかによって、その音に対して怒りもするし笑いもするのです。

ですから、お母さんがあなたを〝差別した〟のではなく、お母さんの言葉や行動を見て「お母さんはわたしを差別している」という考えを自分が引き起こしているのです。そして、その考えは自分が呼び起こしたものだから、苦しいのです。

それは自分が引き起こした一つの妄念だということがわかれば、もう傷にはならないでしょう。これがものの根本を見抜いて傷を治す方法です。どんな人でも、本来何かに傷つけられる、ということはありません。相手はただ自然にふるまっただけなのに、自分が誤ってそのように考えたのだというように、ものごとを正確に見抜くべきです。

修行というものは自分でするしかありません。他の人に代わりにやってもらえるものではないのです。そして、他人の傷をその人の立場に立って癒《いや》してあげることを「菩薩行《ぼさつぎょう》」といいます。例えば、夫が抱えている傷をわたしが理解してみな聞いてあげれば、夫の傷が癒されるばかりか、夫の立場になることで自分の傷も癒されます。真に相手の立場になること、つまり今までとらわれていた自分の考えから抜け出すことで、二人が同時に癒されるのです。

それから〝どの干支《えと》とどの干支は相性が悪い〟というのは一つの文化です。昔から伝わってきた一つの思想、文化、信仰だと言ってもいいでしょう。だから、正しいとか間違っているとかいう目で見てはだめです。文化は国や宗教、民族によってそれぞれ違います。文化そのものは、絶対に正しいものだから伝わってきたのではなく、昔からしてきたことだから今もそうしているというものです。例えば、インドの食事の文化は、昔から手でご飯を食べていて、今もそうしているだけなのです。

文化というものは、発達しているとかしていないとか言えるような性格のものではありません。自然や社会、歴史的条件が違うので、それぞれの文化が違うというだけのことです。だからお母さんがもっている考え、思想、価値観は尊重しなければなりません。それは正しいとか正しくないとかいうことじゃないのです。

「すべては心がつくっている」と言うではないですか。自分の心のもち方によってものごとは進んでいきます。お母さんは心をそのようにもって、そのように生きているということです。でも自分はそうしたくなかったら、そうしなければいいのです。

皆さんは正しいか間違っているかにこだわって、いつもそればかり尋ねますが、仏法は何が正しいのか、間違っているのかということを教えるものではありません。世界をあるがままに見て、ものを見抜く心を養いなさい、ということです。正しいとか間違っているとかいうのは、妄想《もうぞう》（真実でないものを真実であると誤解すること）であり分別《ふんべつ》（判断）です。妄想である分別を越えるということは、何が正しい、間違いだ、合っている、違っている、というような考えをやめてしまうことを意味するのです。

9 障がいがある娘にどう話せばよいでしょう

うちの娘は足の親指が少し小さいんです。それで夏にサンダルも履けないんですが、それをどう話してやればいいのかわかりません。

身体障がいがある子どもだからといって、皆劣等感をもっているわけではありません。わたしたちがその子を見るたびに「ああ、この子はなぜこんなに……」というふうに反応するから、その子に劣等感が生まれるのです。

障がい者に配慮すると言いながら、障がい者を見て驚いたような態度で接すると、障がい者の精神的な健康が損なわれます。ですから、皆さんが障がい者を見ても驚かずに平等に対応すれば、精神的な問題は起きないということです。

肉体的な障がいは単に不便だというだけで、劣っているわけではありません。手や足が一つなかったり、目がよく見えなかったら、他の人に比べて少し不便でしょう。ところが人間は、不便だと感じたら、どうにかして便利にしようとするものです。不便だと感じて便利になるよう工夫することは、まさに人間の創造性だと言えます。ですから眼鏡をつくり出し、車椅子をつくったのです。

不便さが創造性に結びつけば、それを克服する方向に向かいますが、劣っていると感じれば死んでしまったり、死にたくなったりする方向に行ってしまいます。つまり劣等感というのは病なのです。劣等感と優越感は、どちらも一種の精神疾患と言えるでしょう。

人は不便だと考えたら、自然に研究するようになり、それを補うように工夫していきます。人間が、馬やダチョウのように速く走れていたら、自動車を発明しなかったでしょう。人間は他の動物より遅いから、動物のように速く走るために研究したのです。

ですから、わたしたちがどんな体をもっていようと、劣ってなどいません。「存在には劣っているものはない。存在には十分なものが、すべてが備わっている」このように言うでしょう?

劣等感は、まさにわたしたちの意識が引き起こすものです。例えば子どもが生まれないということは、どんな観点から見るかによって違ってきます。朝鮮時代には、子どもができない体は劣っていると考えたでしょう。でも、このごろ西洋では、結婚しても子どもを生まないようにしているじゃないですか。子どもを生まないようにするためには、手術したり避妊具を使ったりしなければならないし、そうすれば副作用が出るかもしれないのだから、それを考えたら子どもが生まれない体はすごく得ではないでしょうか?

つまり、どんな身体構造をもっていても、それが体であることに変わりはないのに、一つの観点だけで考えるから、しょっちゅう他と比べて劣等感をもつのです。それを他の角度から見たら、少しずつ違うというだけで、決して劣っているわけではありません。

ですから、その子を見て胸を痛めたり、かわいそうだと思ったりしてはいけません。ふつうの子どもと同じように接してください。

大人が幼い子の面倒を見たり、お年寄りを周囲の人が世話するのと同じように、障がいがあれば、多少誰かの手助けが必要なだけです。特に軽い障がいは、障がいというより少しの違いだという認識をもたせることが大切です。

10 悔しがると自分が損をするのです

わたしは今までごく平凡に生きてきたほうです。それがある日、まさに晴天の霹靂《へきれき》という感じで、ある人からひどく憎まれ嫌われているということを知りました。それで誤解を解こうと話をしたのですが、わだかまりをすっかりなくすことはできませんでした。わたしは何もしていないのに、こんなことが起こって悔しいです。このごろはとても腹が立ち、その人を憎みたくなります。

憎みたいですか？ それなら憎んでしまいなさい。けれども憎んだら、誰が損をしますか？ この前にある牛眠山《ウミョン》（浄土会の建物の近くにある山）を憎んだら、牛眠山が損をしますか？

わたしが損をします。

ここにある花を見て、醜いと悪口を言えば、誰の気分が悪くなりますか？

わたしの気分が悪くなります。

ほほう。では、この花はきれいだと言えば、花の気分が良くなりますか、自分の気分が良くなりますか？

わたしの気分が良くなります。

そうです、もう十分でしょう。どうすればよいかわかりましたか？

でも、あまりにもでたらめなことを言うので、罰を与えたいんですが。

それなら罰を与えなさい。自分の心が引き起こしたことだから、自分の心に罰を与えてください。家に帰って今日から二十一日間、その人に向かって一日百八回ずつ（五体投地して）礼拝しながら、「すみません。すみません。わたしのせいでこの間、あなたの心はどんなにか苦しかったでしょう？　すみません。すみません」と心に刻んでください。

わたしはちっとも知らなかったのに、その人が誤解してわたしを憎んだのなら、その人の損でしょう。それなのに、なぜわたしが悔しいのですか。実際はその人が損をしたのだから、わたしがごめんなさいと謝るべきです。わたしがすまなかったという気持ちになれば、わたしには何のしこりも残りません。わたしは何一つ損をしていなかったのに、その話を聞いて悔しがったら、わたしの損です。

ですから、ひれ伏して礼拝をしながら「今までわたしのために、あなたはどれほどつらかったでしょう？　これまでわたしのせいで、どれほどやりきれない思いをしたでしょう？　わたしが早く気づいて誤解を解けばよかったのに、気づかずに今まで放っておき、あなたを苦しませて本当にすみません」とくり返してください。そうすれば問題はすべてなくなります。

11 職場でいつも緊張しています

ぼくは仕事中つねに緊張していて、休息しているときも、いつ仕事を言いつけられるかと心配になります。また、上司がそばにいると緊張してうまく仕事ができず、必ず不安になります。そして夕方退社するときも、いつも人の目が気になり、上司がぼくに特に何も言わないのに気を遣いすぎて、いろいろ考えるので、頭が痛く、どっと疲れてしまいます。

お父さんはいらっしゃいますか?

はい。

お父さんとの関係はどうですか?

ぼくが幼いころから、両親は仲が悪くてよくけんかしていました。そんな中で育ったので、心の中は不安でいっぱいだったし、子どものときも好きなように外で遊べず、家の中であれこれ制限されながら育ちました。

幼いとき、お父さんを憎む気持ちが大きかったですか?

小学校まではそんな気持ちはなかったんですが、中学校のころから憎む気持ちがあることに気づくようになりました。なのでとても驚いたのですが、憎悪の気持ちというより恨む気持ちが多かったと思います。

それなら朝でも夜でもかまいませんから、一日の中で時間を決めて、自分を深く見つめ、お父さんに対する自分の間違った考えを改めようと心に誓ってください。結婚して生活してみればわかるでしょうが、外での仕事もうまくいかず大変なのに、家に帰って妻からガミガミ言われたら腹も立つし、両親が子どもに執着していれば、よその子にはそうではないのに、自分の子にはいろいろ過剰にやりすぎてしまう場合もあります。

お父さんの立場になって「お父さんは毎日がつらくて、あんなふうに行動したのかもしれない。ぼくが幼くてお父さんを理解できず、憎んだんだなあ。ごめんなさい」と、自分にくり返し言い聞かせてください。

今、そのような気持ちをなくしておかないと、職場ではいつまでも上司に対して不安でひやひやするし、被害者意識をもちつづけることになります。自分がのけ者にされているように思ったり、自分が何か被害を受けるんじゃないかと思ったりして、人との関係が悪くなります。

また結婚したら、妻といざこざが起き、子どもができたら、お父さんが自分にしたのと同じようなことを子どもにもしてしまうでしょう。頭ではそんなことはしないつもりでいても、実際には同じように行動してしまうのです。

お父さんについて自分が間違って考えていたことをよく見つめ、それを改める努力を本当に一生懸命してください。「自分が愚かだったから、自分がよくわからなかったから、お父さんを理解できず、それどころか憎いと思いながら、お父さんの目を気にして生きてきた。でも、すべてはお父さんが自分を愛して大切に思ってくれたからそうしたんだ」と心から思わなければなりません。

まず百日間くらい、一日に百八回ずつ（五体投地の）礼拝をしながら、「お父さん、本当にごめんなさい。ぼくが愚かだったので、お父さんの気持ちをわかってあげられませんでした。そしてお父さんを憎んだけれど、今はお父さんを理解し、憎まないようになりました」と、心に刻んでください。

このようにしながら、心の中にお父さんの行動に対するひっかかりや反抗心がなくなったら、「すみませんでした。ぼくが至りませんでした」と言葉にして表し、お父さんを怖がったり憎んだりせず、尊敬しつつ自然に一緒に過ごせるように精進しなければいけません。これは簡単ではありませんが、そうなれば職場での問題も、結婚したあとの問題も自然に解決されるでしょう。

12 上司の悪口を聞くのが気づまりです

職場の同僚たちが、上司を中傷したり悪口を言ったりすることがとても多く、そんな話を聞いていると気が重くなります。でもそんなに悪口を言うなんて、よほどイライラしているのだろうと思い、黙って聞いてあげているのですが、そうするとよけいにエスカレートするみたいで、聞いているわたしのほうも嫌になります。どうやって気持ちを鎮め、またどのように対応すればよいのか、お聞きかせください。

時間をつくって一度、その人の話を心を込めて聞いてあげてください。本当は聞きたくないけれど無理して聞いてあげよう、と思うのではなく、一緒に食事にでも行って真剣に聞いてあげてください。そのようにして何度か聞いてあげれば、そのあとはもう悪口を言わないでしょう。ちゃんと聞いてあげないから、かえって相手は何度でもくり返して言うのです。

何か胸につかえるものがあるから、そうしてしょっちゅう話そうとするのでしょう。もちろんそうするのが癖で、習慣的にいつもそうする人もいますが、習慣的なこともよく見れば、皆それだけの理由があってのことじゃないでしょうか?

食事をおごってあげて、わたしが聞きたいから聞くんだという気持ちで、ひたむきに、同意しながら聞いてあげてください。この同意するというのは、その人の心情に共感するという意味です。

その人が他人を非難するとき、その非難されている人物が悪いということに同意するのではなく、その人がもっているやりきれない気持ち、その心情に共感するという意味です。

あなたは今、その心情に共感できないから苦しいんじゃないですか? 両親を恨んでいるにせよ、夫を恨んでいるにせよ、上司を恨んでいるにせよ、誰を中傷しているにせよ、中傷しているその人の心情をあなたが深く理解し受け容れて、ひたむきに共感することが必要だということです。

13 学生が授業をちゃんと聞きません

わたしの学校では、上・中・下の三レベルのクラスがあります。上のクラスで授業をするときは面白くて気分よく進められます。わたしは数学を教えていて、上のクラスの学生たちは、数学だけでなく法輪師にお聞きした話をしても、興味をもって理解するのですが、中・下のクラスだと、授業内容も聞かず、法輪師にお聞きした話をしてもちゃんと聞きません。

あるクラスでは、学生たちはほとんど勉強を放棄してしまっていて、授業をまるで聞かないんです。そんなときは腹も立つし、授業をしながらわたし自身が惨めになってしまいます。こんな場合、どのような心をもって、どう指導したらいいのかわからず、自分の中でひどく葛藤が起きます。

本当に重要な問題です。いつも気持ちを鎮めようとしないでください。気持ちを鎮めようとすれば、そのたびに怒りがひどくなります。気分が悪いのに、これをいつも押さえつけていると、表面では笑っているように見えても、表情が沈み、わざとらしい笑顔になってしまいます。

ですからそんなときは、正直に学生たちと話をするといいでしょう。

「君たちに勉強を教えようと思っているのに、君たちが聞かないから、先生はすごく気分が悪い。どうしたらいいと思う？　一度、一緒に話し合ってみよう」

このように自分の気持ちを正直に話すといいのです。学生たちも「自分たちがこうだと先生は気分が悪いんだ」ということを知る必要があります。

このように自然に言葉にして話をしても、学生たちは聞くかもしれないし、聞かないかもしれません。ところが、先生たちは「わたしがこんなふうに話したら、学生たちは皆わたしの言うことを聞かなければいけない」と考えます。

先生たちが心に銘じなければならない一番重要な心得は、自分が誰かの人生の責任をとることはできないし、人を変えることもできない、ということです。学生たちを少し手助けすることはできますが、彼らの人生に大きな変化を与えることはできないのです。

先生たちはだいたい、学生は自分の言うとおりにしなければいけない、という考えをもっているでしょう。わたしたちは、人生を変化させる良い情報を提供できるにすぎないのであって、それを選ぶかどうかは相手の考え次第だと、つねに肝に銘じておかなければいけません。

でもそうは、なかなかできないものです。そして「どうしてこうしないんだ？」と小言を言うのです。しかし、その選択まで強要することはできない、とはっきりわかっていたら、学生を教えながら苦しむことはなくなります。

二つ目に心に銘じなければならないのは、どのように説明しても、すべての学生が皆理解することはないということです。一人に説明しても相手が理解するとは限らないのに、ましてや五十名を座らせて講義するのだから、その中には理解する者もいれば、理解できない者もいるのが当然のことではないでしょうか？

わたしも昔、物理学や化学を勉強するときは面白くて内容をすぐ理解できたのですが、英語の時間は何のことかさっぱりわかりませんでした。得意なことはいつもやりたいし、苦手なことはしたくないのが人間の心理です。

数学を例にあげれば、まず簡単な見本があり例題があって、その次に少し応用問題があり、そして試験対策があるというように、レベルに合わせて四段階の学習を設定して、よくできるクラスでは全部教えて、中のクラスでは最後のもの以外を全部教え、下のクラスでは原理と基礎を、初めて教えるようなつもりでもう一度教える、このようにすべきです。すべてのクラスで同じように教えようと考えてはいけません。数学の基本的なことができない学生に、微積分を教えてもわけがわからないでしょう。先生が説明するときはわかっているふりをしても、実際にはわかっていないのです。

わたしが助言したいのは、「自分が教えたら、学生たちは皆理解するだろう」と思うな、ということです。自分の講義を聞いてくれたらいいけれど、聞かずに何か他のことをする学生もいるのです。そして、できれば関心を引く方法をもっと研究すべきでしょう。先生は、とにかく学生が理解しやすく、覚えやすいようにしてあげなければいけません。

それからもうひとつ、学生たちは何がわからないのかを把握することがとても重要です。知識が多いから良い先生だとは限りません。ふつう先生たちは、知識が多ければ自分が知っていることを自慢するだけで終わる場合が多いのです。

そして一番重要なことは、質問を受けることです。このごろ、ほとんどの先生たちは質問を受けるのを嫌がります。自分が知っていることだけ教えて終われば、問題はないのですが、質問を受けたら、自分の知らないことがばれる恐れがあるからでしょう。

しかし質問を受けるとき、先生は少しも怖がる必要はありません。怖がるのは、自分が何でも知っていなければいけないという強迫観念があるからです。そうではなく、自分の知らないことがあるのは当然だと考えて、質問を受けなければなりません。

もし知らないことがあったら、「わたしもどうしたらいいのか今すぐ考えが浮かばないから、調べて次のときに話すよ」と、平気で言えるようになるべきです。そうすれば質問を受けるときにも恐れがなくなります。

学生たちからたくさん質問を受けたら、彼らに何がわからないのか知ることができるし、また、自分が何をもっと準備したらいいのか知ることができるので、学生の質問というものは自分の発展のためにもとても役に立ちます。自分が一方的に講義するのは、自分の発展には少しも役に立たないでしょう。もともと知っていることを教えるだけなのですから。

しかし質問を受けると、その中に自分が知らないこともあるかもしれないので、もう一度考えを整理する機会になります。ですから、質問を受けるのをためらわないことがとても大事です。そうすれば授業中に、学生たちに気楽に向き合うことができます。

重要なのは、自分がどれだけ知っているかではなく、わからない学生たちにどれだけ役に立つか、ということです。わからない学生たちの役に立つには、二つのことが必要です。そのうちの一つは、愛情です。学生たちは、一つでも多くわからせてあげようとする愛情に比例して先生を尊敬します。

二つ目は技術です。技術とは知識がたくさんあるということではなく、学生は何がわからないのかを十分に把握することから始まります。学生の立場になって、今このように教えたら何を疑問に思うか、と考えながら講義をすれば、問題が少し解決しやすくなることでしょう。

14 真の布施とは

真の布施《ふせ》とはどういうことか教えてください。わたしがただ快く布施をしたとしても、受け取る人の欲が深く、それによって業《ごう》がさらに積もったらどうなるのでしょうか？

ご自分が暇で、時間がたくさんあると思っておられるのですか？　だから他人の人生を心配するのですか？　そんな心配は必要ありません。自分の人生も思いどおりにならないのに、なぜ他人の人生を心配しなければならないのでしょう？　それは自分にも他人にも何ら役に立たない不要な心配です。

布施と呼ばれるものにいろいろな問題があるため、わざわざ「真の布施」という名前をつけるのであって、実は、真の布施などという特別なものはもともとないのです。あげたければあげて、あげたくなければあげない、ただそのように生きればいいだけです。楽に考えてください。

　自分が苦労して稼いだのに、無理に他人にあげなければいけない理由もないし、自分が稼いだお金を教会へ持っていこうが、お寺に持っていこうが、それを他人に干渉される必要もありません。本人がしたければして、嫌ならしなければいいことで、他の誰かがしろとかするなとか言うことでしょうか？　このように考えを変えなければいけません。

　わたしの人生を振り返れば、高校一年のとき、両親の言うことも学校の先生の言うことも聞かず、寺に入りました。これは、他人の言うことにはまったく耳を貸さない、正真正銘の意地っ張りと言えるでしょう。良く言えば若いときに出家したということですが、悪く言えば問題児です。両親の立場からすれば、いっそのこと麻薬やマリファナを吸ってどこかで泥棒でもしたなら、まだ家に連れて帰れるのに、出家したらその可能性さえないということでしょう。

　わたしたちは何かを話すとき、相手が自分の言うことをちゃんと聞くだろうと考えますが、そんなふうに考えないことです。そうすれば人生を楽に生きられます。自分の話を相手が聞くはずだと思うから、聞いてくれなかったら疲れるし腹も立つし、今度も聞いてくれないんじゃないか、と気後れしてちゃんと話もできないということになるのです。

そして相談を受けたり法話をしたりするとき、自分の言葉がきちんと伝わるだろうか、とおじけづきます。しかし、人はもともと他人の言葉をちゃんと聞かないものです。自分自身からしてそうじゃないですか？　働けと言われても、自分にその気がなければだめで、気に入らなければ死んでもやりません。

このように心得て期待せずにいれば、他の人と共に暮らすのがとても楽です。相手が聞くはずだとは思わずに、言いたいことがあれば言ってしまえばいいのです。自分が助言してあげなければと考えるから、ちゃんと話せているか気にもなるし、言おうか言うまいか迷ったりすることになるのです。最初から、相手はちゃんと聞かないと思っていれば、話しやすくなります。自分の考えをただ口にするだけです。

聞く聞かないはその人の自由ですから、「わたしの考えはこうだから聞け」ではなく「わたしの考えではこうすればよいと思うよ」と軽く考えれば、話すのがとても簡単です。まず自分が話しやすいのです。むっつりとして口をつぐんでいる必要はありません。ただ軽く話せばいいのです。そして、相手が話を聞くか聞かないか、問題にする必要はありません。

期待せずにただ気軽にあげる

布施も同じことです。自分があげたければ、ただあげるだけです。自分がしたくてしたのに、まるで人にねだられてしたかのように恩を着せるから、あとで憎しみや恨みが起こるのです。自分がしたければして、したくなければしなければいいのです。

そして、ねだられても断るときは、悪口を言われる覚悟をしなければなりません。兄弟や友だちのあいだで「一か月後に返すから、お金を一万円貸してくれ」と言われたとき、貸さなかったら、悪口を言われるんじゃないですか？　貸すのを断ったら悪口を言われるんだということを十分認める必要があります。

ところで、わたしたちの悩みは何でしょうか？　お金を貸したら返してもらえないかもしれないし、貸さなかったら悪口を言われそうだし、頭がごちゃごちゃになる。それでわたしのところに尋ねに来るんです。質問の主旨は、お金も貸さず悪口も言われない方法は何かということです。

それは言い換えれば、お金も返してもらえ、悪口も言われず、ほめられるような方法はないかということでしょう。これは〝欲〟です。金儲《かねもう》けをしたいと言ってるわけではなくて、借金を申し込まれたとき貸してあげるべきかどうか、と聞いているだけなのに、それがどうして欲のせいだと言うのか、と思うかもしれませんが。

お金が惜しくて貸すのが嫌なら、当然悪口を言われるだろうと覚悟をして、悪口を言われたら「ああ、すみません」という気持ちになればいいのです。そうすれば自分が傷つきません。そして貸すのなら、相手が一か月後に返すと約束しても、自分の心の中では、「もし返してくれなくてもそれまでだ」と思っておくべきです。それが自分自身のためになるのです。貸してあげるとき、「返してくれなくてもいい」と言え、というのではなく、一か月後に返すという言葉を信じるな、ということです。こうすれば「一か月後に返してくれたら幸運だし、返してくれなくてもそれまでだ」と思うことができて気が楽です。

このように相手が必要なものはただ気軽にあげるか、あげないなら悪口を言われる覚悟をするか、どちらかなのに、質問者の方は欲張っています。お金は少しだけあげて悪口を避け、福をたくさん受けようというんでしょう。

わたしはただあげればいい、とおっしゃるのですか？　わたしは見返りを望んでいるわけではないのですが、相手が必要以上にほしがる場合でも、ただあげたいという気持

ちでずっとあげればいいということですか？

相手を欲深いと思うときに、あげたいという気持ちが起こりますか？　これはその人のためにお金をあげるべきかどうかではなく、あげなかったら自分が悪く言われるんじゃないかと心配して、どうしようかと悩んでいるんです。煩悩《ぼんのう》（身心を煩わし惑わす精神作用）にとらわれている衆生《しゅじょう》は、自分のことだけを考えて生きており、他人のことは考えていないものです。

自分を知らねばなりません。今、質問者の方は、その欲深い相手の人がねだるからといって全部あげたら、ひょっとしてその人が何か過ちを犯すのではないか、と心配しているわけではありません。実際はあげたくないのに、そうしたら悪口をたくさん言われることになるから頭が痛い、ということなのです。このように考えれば、問題の本質がはっきりとします。

その人のためにあげないでおこうと考えるのなら、悪口を言われる覚悟をしなければならないでしょう。人を正そうとすれば、何か犠牲を払わなければなりません。お金をあげたくなければ、悪口を言われる覚悟をすべきだし、悪口を言われるのが嫌なら、お金が惜しいと思うのをやめてください。自分が悪口を言われないためにお金をあげるのであり、悪口を言われないためにお金で賞賛を買う、ということです。お金で名誉を買うようなものです。買い物をするのと同じようにお金を使っただけだと考えれば、問題がはっきりします。自分のために布施をするんだから、期待する心は起きないでしょう。

期待する心なしに与える布施を「真の布施」と言うのです。

15 挫折するのは欲があるからです

法話の中でスニムは「人生には計画がなく、仕事には計画がある」とおっしゃっていましたが、わたしは仕事の集合体が人生のように思います。その違いが何なのか、あいまいです。

人生に計画がないなら、ただ縁に従って生きるだけなのでしょうか？　その縁にしても自ら結ぶものなので、智慧のある縁を結ぶこともあれば、愚かな判断で愚かな縁を結ぶこともあります。ですから、生きていくのに自分なりの存在理由を探さなければいけないように思います。

それから、もし自分の計画がうまくいかなかったときは、もちろん場合によって違うでしょうが、どの時点であきらめるべきなのかも教えてください。

質問は二つだと思うのですが、「人生には計画がなく、仕事には計画がある」というのはわたし個人の話です。わたしは人生をどう生きるか、計画を立てて生きてはいないということです。僧侶にならなければ、結婚しなければ、必ず何かにならなければ、という考えがないということです。

ですが「難民を助けなければいけない、北朝鮮へ食糧を送らねばならない」と考えたら、しっかり研究もして、緻密《ちみつ》な計画も立て、よく検討もし、実地調査もよくします。仕事はしっかり検討して計画を立て、できる限り緻密にするのがよく、人生は縁に従って生きるのがよい、というのがわたしの人生観です。すべての人生がそうだという話ではありません。

自分の存在理由は何か？と問う人は多いですね。でも、理由があって存在しているわけではなく、存在しているから、人はいつもその理由を探そうとするのです。存在には理由がありません。

「おまえはどう生きているのか？」と言えば、〝どう〟ということについて考えられますが、「なぜ生きているのか？」と聞かれたら「死んでいないから生きている」と言うしかありません。生きていることにどんな理由がありますか？ 理由があって生きているのではなく、今、ただ生きているのです。

それから、ある仕事の計画を立てて実行するとき、続けるかあきらめるかについて質問されましたが、ある男性を好きになって追いかけているとき、最後まで追いかけるべきか、見込みがなさそうだからあきらめるべきか、というような話でしょう。どの時点であきらめるのがよいか? そんなことは悩む必要がありません。悩むのは欲があるためです。

仕事をするとき、それが成功するかどうかはそんなに重要なことではありません。仕事の成否を重要だと考えるから、いつあきらめるべきか、ということばかり気になるのです。くり返しますが、仕事が成功するかどうかは重要ではないのです。

仕事をするなら、結果がどうなるかを気にするのではなく、どう取り組めばよいのかだけを考えて研究するのです。こうすれば成功するか、失敗するか、と気がかりに思うのではありません。成功するかどうかと心配することは煩悩です。うまくいかなければ、こうしたりああしたりしてみたら面白いじゃないですか? それ自体が人生だということです。

だめだったら、失敗ではなく、続けてそれをしなければならないということであり、うまくいけば、成功ではなく、それは終わったからまた違うことをしなければならない、ということです。

修行者は、生きているあいだに自分がどのくらい多くの仕事をしなければならないか、というようなことは考えません。ですから、死ぬまでにただひとつのことだけをしていたとしても、また、やってみたらすぐにできたので死ぬまでに一万の仕事をしたとしても、関係ありません。うまくいっても働き、いかなくても働くということです。そしてやろうと決めたら、うまくいくようによく研究するべきなのです。

それでは一度やってだめで、二度、三度、四度やってもだめで、五度目に試みてもだめだったら、挫折するでしょうか？　違います。こうしてもだめ、ああしてもだめ、これもあれもだめなら、今後はうまくいく確率がどんどん高まるでしょう。だから「失敗は成功の母」と言うじゃないですか。欲があるから、失敗が挫折につながるんです。

失敗したということは「ああ、このやり方ではだめなんだなあ」ということで、一つの方法を探し出したのと同じなんです。こうしてもああしてもだめだったということは、今後試すことの的が絞られ、成功するやり方がだんだんはっきり見えてきたということでしょう。つまり、成功する確率がだんだん高まってきたのです。ですから、失敗は挫折につながるのでなく、成功の母なんです。

挫折するのは失敗したからではなく、成功したいという欲があったからです。「わたしはできる限りのことを全部したけれどだめだった」と言って、あきらめればいいのです。できるのにあきらめるのではなく、方法がないということです。それなら、失敗したのでしょうか？　違います。わたしはこの仕事についてこれ以上労を尽くさなくてもよい、ということです。仕事を成功させて終えても、これはできないとはっきり知って終えても、同じじゃないですか？　仕事が一つ終わったということでは——。

ですから他人が見たら「成功した」「失敗した」と言いますが、本人の人生においては成功や失敗はそれほど重要ではありません。失敗したら続けて研究するネタができたということであり、成功すれば他の仕事に移ればよい、というだけのことなのです。

16 気分がいつも憂うつです

わたしは人の目をとても気にする方で、そのうえ腹が立つと言葉が出なくなります。怒りを外に表して人と気まずくなるのが耐えられないんです。それに相手の態度によって自分の気分が大きく左右されます。相手が怒ればわたしは落ち着きを失ってしまうし、相手の機嫌が良ければ「助かった」という気持ちになるんです。しかも、全般的に憂うつな気持ちから抜け出したことが一度もないような気がします。

うつ病と便秘の症状は、非常につながりがあるといわれています。ですから、便を出すことはとても重要です。うつ病はまず、体のコンディションと関係があります。なので便秘薬を飲むか、食事を抜くか、または浣腸をして腸をよく洗浄すれば、症状は少し軽くなるでしょう。

二つ目に、うつ病は外側の世界にとても左右されやすい病気です。左右されやすいのは、頭の中に理想的な自分のイメージを描いているからです。皆さんは「わたしはこんな人間だ」とか、「わたしはこんな人間にならねばならない」という自分のイメージをもっているのです。そして他人に対しても、夫はこんな人間でなければいけないとか、子どもはこうあるべきだとかいうイメージをもっています。

ところが、わたしたちが心の中で描いているイメージは、現実の姿といつも差があります。自分が望む夫と実際の夫は違うし、自分が願う子どもと実際の子どもも違うし、自分はこんな人間だったらいいのにと思う自分と、現実の自分とは違う、というわけです。その差が広がれば広がるほど、自分を嫌悪する自虐的な症状が生まれます。また、他人についてもこの差がたいへん大きくなれば、相手をひどく嫌悪するようになるでしょう。これはまさに、自分が描いたイメージにはめ込んで合わせようとする、思念のなせるわざです。

自分が自分を変えようとしてもうまくできないのに、まして相手が簡単に変わるでしょうか？　相手が変わらないから憎らしくなって、それが高じると顔を見るのが嫌になります。そして、顔を見るのが嫌になるということは別れたくなるということです。しかし、家族関係にあるとか別れることができない状況にあれば、互いに顔を見ないですむ方法を考えた末、殺してしまおうという考えが生まれます。そうなると殺人が起きるのです。嫌悪することと殺人とは行為だけ見れば非常に違いがありますが、心の中ではさして違いはありません。嫌悪すること自体がすなわち殺生《せっしょう》なのです。殺生の罪業を懺悔《さんげ》しなさいと言うと、皆さんは「わたしがいつ人を殺したというのか」と考えるでしょうが、このように見れば、人を嫌悪することは殺してしまうことと違いがないのです。

恥ずかしさは精神の病

わたしたちは、相手のふるまいが自分が描いたイメージと違いすぎるといって、いつも過剰に反応したり、自分自身についても、描いたイメージと実際の自分との差が大きすぎて、現実の自分をあまりにもみっともないと思ったりします。そんなとき、一番消極的に現れる現象は恥ずかしいという感情ですが、これは一種の精神疾患に属します。この程度のことは世間の人びとに皆あるから、病気には入らないと思っているだけで、本質的には病気と変わらないのです。

これを世間で病気だと呼ぼうが呼ぶまいが、修行の次元においてはすべて病気です。「衆生」(迷いの世界に生きるもの)と呼ばれるわたしたちは、すでにみんな精神の病にかかっているのです。社会では一定の範囲を決めて、「ここまでは病気ではなくて、ここからは病気だ」と定義していますが、実は病気である状態と病気でない状態とは、特に違いがありません。

恥ずかしさが高じれば、他人に会いたくないという心理状態になります。それがひどくなれば、うつ病の初期症状です。もっとひどくなれば、自分が嫌になり死んでしまいたくなります。そして自殺することになるでしょう。自分を嫌悪し自分を殺してしまう行為が自殺です。うつ病がひどくなれば、ふつうは自殺につながり、衝動に駆られれば殺人行為さえ起きるのです。

一般的には精神疾患にかかると、二つの現象が起きます。それは自分のイメージを高く設定しすぎるために起こるのですが、一つは自分はだめで傷つけられてばかりいるという被害者意識であり、もうひとつは自分は秀でているという優越意識です。この被害妄想と誇大妄想はいつも一緒に起こります。

そして、自分を嫌悪するあまり対人関係を避けるのがうつ病です。ですからこんなときこそ、本当は対人関係を広げるほうがいいのです。そうすれば、自分にこだわりすぎている状態から抜け出せるのですが、うつ病に陥るといつも対人関係を避けてしまいますから、症状がだんだんひどくなるのです。

ところで、子どもがうつ病や神経症になったら、その否定的な思いを誰に対して向けるでしょうか。まさに両親に対して向けるわけです。そんなとき両親が修行をしていて、それを皆受け容れてやれば、一、二年過ぎると解消するのですが、ふつうはこれを受け容れきれないでしょう。なので症状はひどくなります。ですから、うつ病の症状が多少ある人は、自分でも知らずに他人を苦しめているということを知らなければなりません。

一番良いのは頭を低くして礼拝すること

西洋のうつ病の治療法は、たいてい本人を治療するものですが、仏教の治療法では本人に解決能力があるときは本人を治療しますが、本人が未成年の場合には、両親が修行をして子どもの病気を受け容れるようにさせます。

修行の中でも一番難しいのが、精神疾患を治すことです。修行というのは自分が仏陀（目覚めた存在）になることですが、精神疾患は自分というものを見失っている状態ですから、治すのが非常に難しいわけです。ですから、そばでこれを包み込み手助けしてあげてこそ、本人の内にある劣等感や被害者意識が少しずつ消えていくのです。

精神疾患を克服するためには、まず本人が〝自分は特別な存在ではない〟ということを自覚しなければなりません。ところが精神疾患のある人は、このように言われるとまた劣等感にとらわれてしまいます。自我を高く設定しているので、あるがままの自分が嫌になり劣等感をもつのです。ですから、まずその虚像を捨てなければいけません。それを捨ててしまえば、恥ずかしいとかみっともないとかいう考えはなくなります。

これを治す方法は、頭を低くして（五体投地の）礼拝をするのが一番です。盲目的だというくらい精進しなければいけません。なぜならこのような人は、説明をすれば頭がもっとごちゃごちゃになるからです。頭を下げ、ひれ伏して礼拝をしながら、自分は道端に生えている雑草のように、どうということのない存在だということがわかれば、自我の分裂が治療できます。また自分の仕事をもてば、早く良くなります。お金を稼ぐ仕事でなくても、自分の人生を開拓し、一生懸命になれる仕事があればよいでしょう。

17 暗くなった心を明るくするには

時々、わけもなく心が急に暗くなる感じがします。なぜそうなるのか気がかりです。どうすれば心が明るくなるのでしょうか？

わたしたちの心というのは、どんな思いを抱くかによっていろいろと違って現れます。暗くなるときは漆黒のように真っ暗になるし、明るくなるときはまっ昼間のように明るくなります。鉛のように重くなったかと思えば、羽毛のように軽くなったりもするし、墨汁のように濁ったり、水晶のように澄んだりするのですが、それらはすべて、心のなせるわざです。苦しいときは心が暗かったり濁っていたりという状態であり、悟りの境地は心が明るく軽い状態です。

「心が濁っている」というのは、たいてい欲を張っている状態のときに言います。欲張りな人は汚い人間だとか、世間に染まった人だとか言われます。この強欲さから離れれば、人間がきれいになった、澄んだと言うでしょう。そういうときというのは、ものごとにこだわりなく暮らしているときです。財産や人間に対して欲がなく道徳をよく守っているとき、その人は清らかだ、さわやかだと言います。人がきれいだとか汚いとか言うのは、その人の心の状態を指して言うのです。

義務感にとらわれたら心は重くなる

そして何かを〝必ずしなければならない〟という義務感にとらわれたら、心は重くなります。この義務感さえ手放せば、心はとても軽くなります。たいてい、自信がないけれど必ずしなければならないと考えるとき、心は鉛のように重くなります。義務感が与える負担のせいでしょう。

宗教家たちはたいてい心が清らかです。けれども重いのです。それは何か重い荷物を背負っているかのように、〝しなければならない〟という使命感に駆られているためです。この使命感に駆られているときは心が重く、あまり笑うこともありません。

欲を出したり、我慢ができず腹を立てたり、盗みをしたりする人間を「凡夫衆生《ぼんぶしゅじょう》」といいます。そして欲を出したり腹を立てたりするのを我慢して暮らすことが修行だと思われていますが、それは修行ではありません。単に善良な人として暮らすということです。このような人は心が重くなっています。世俗とは違う生活をしようと、家を出た僧侶、神父やシスターのような方々の中には、このように心が重い人が多いのです。それぞれ性格が違う人たちが宗教上の倫理や道徳に合わせて一緒に生活し、いつも謹厳な態度を見せなければならないと考えていることが、心を重くしている原因です。

軽い心で生きるべきです。そのためには、自分はたいしたものじゃないということを知る必要があります。すべてのものが空《くう》であり実体がないということを知れば、心は軽くなります。

修行するというのは、わき起こる感情や感覚を押さえつけて無視してしまうことではありません。腹が立つときは、なぜ腹が立つのかを注視するということです。「くそっ、あいつがわたしを怒らせた！」と人のせいにすることもなければ、「ああ、また腹を立ててしまうなんて！」と自虐的になることもありません。ただ「ああ、またわたしは腹を立てたんだなあ」と思い、すぐにそれを手放します。こうすれば心はいつも軽いのです。話をするときにも、ためらいや心のひっかかりがなくなり、心はそれ以上重くなりません。

人生に意味を多く与えすぎると、心は重くなります。人生は道端に生えている小さな草のような、野山を走り回るウサギかリスのようなものです。人生は特別なものではありません。ウサギだからといっていい加減に生きているわけではなく、だからといって重いものを背負って生きているわけでもありません。ただ軽々と生きているのです。

ところがわたしたちは、人生にあまりにも多くの意味を与えます。わたしはこうしなければならない、という決まった考えにとらわれて生きるので、心が重いのです。ある人は国全体のことを背負って立ち、家の大黒柱である人は一家全体を背負って生きています。

仕事を辞めるときは、正直に家族に話して「お父さんは仕事を辞めることになった。収入もなくなるから、節約しなさい」と変化した状況に合わせて暮らせばいいのに、家長の面目が立たないと言って、正直に話さない人もいます。だから、職場がないのに朝はかばんを持って家を出て、駅前や図書館へ行ってうろうろしてから夕方に帰宅したり、誰かに何か言われたら、無職だからばかにされたと考えて腹を立てたりします。

これは人生を重く考えすぎるからこうなるのです。特に宗教家たちはどこに行っても謹厳にしていて、そうしなければ体面が保てないと考える人がたくさんいます。このようなことは皆心を重くする原因です。何でも軽く受け止めなければなりません。

考えが多ければ心は暗い

では、心が暗いというのはどういうことでしょうか? わたしたちはたくさん考えごとをします。ああだこうだと考えが多ければ、心は暗くなるのです。心が明るい人は、特に考えがありません。笑いたければ笑い、行きたければ行く、このように明るくなければいけません。しかし、わたしたちの心は明るくはなく、いつも愁いに浸っていて考えが多すぎます。

十年前、ある女性のお母さんが亡くなられました。お父さんが早く亡くなられ、お母さんは独りで苦労して行商をしながら娘二人、息子一人を育てました。だからこの女性はいつも、お母さんが苦労したということに胸を痛めていました。ところが、やっと自分たちの生活も安定して親孝行をしようとした矢先に、お母さんが急に亡くなったのです。

お母さんは自分たちのために苦労ばかりしたのに、そのお返しにぜいたくの一つもさせてあげられなかったことが悲しくて、彼女は霊安室で泣きつづけました。身もだえして泣いていて、誰かがなだめようとしてもおさまりませんでした。わたしが行って読経するあいだもずっと泣いているのです。読経の声も耳に入らなかったでしょう。

わたしはできる限りの慰めの言葉をかけましたが、彼女は泣きやみませんでした。そうなれば、慰めるほうも気落ちしてしまいます。何か言ってあげたら本人が明るくなってこそ、言った人も甲斐《かい》があるけれど、ずっと泣いているのですから、わたしも何の役にも立ちません。このようなとき、心はどこまでも重く、どこまでも暗いのです。どうにもしようがない状況です。

ところがこのとき、そこに来ていた五歳くらいの小さな子どもが、おならをしました。みんなが泣いているので、この幼い子も気を遣ってしばらく我慢していたのですが、もう我慢できなくなったのか、プーッとおならをしたのです。でも笑うのはちょっとはばかれるじゃないですか。今まで泣いていた人が急に笑うこともできないでしょう。だから我慢していました。

するとその子がまた、プーッ、プッ、プッとしたもんですから、我慢していたわたしも笑ってしまい、泣いていたその女性も笑ってしまったのです。全員が笑いました。ずっと我慢してから笑うと、なかなか笑いは止まりません。それでしばらくのあいだそうして笑ってから静かになったら、少ししんみりした雰囲気になりました。するとその女性はまた、「ああ、お母さんが死んだ、お母さん……」と言って泣きはじめました。

わたしはそのとき、「ああ、おならはお釈迦様《しゃか》だなあ」と悟ったのです。わたしがすべての手段を使ってもその悲しみをなだめることができなかったのに、そのおならの音で鉛のように重かった人びとの心が、一瞬のうちに羽毛のように軽くなったということです。お釈迦様は一千百億に化身されるといいますが、このときはおならに化身されたんだと思いました。

お釈迦様でなければ、このような奇跡のような現象は起こせないでしょう。その瞬間にはどんな考えも執着も存在しませんでした。その女性が、笑ったあとまた泣きはじめたのは、お母さんが亡くなったからではありません。「お母さんが死んだ」というその考えにとらわれているからです。そしてお母さんが生きているときつらかったことをひとつひとつ思い出しているので、まるでその映像を見ているかのような思いにとらわれて、暗く重くなっているのです。

このようにわたしたちの心は境界《きょうがい》（報いとして受ける境遇）に対する執着のために、濁ったり、重くなったり、暗くなったりします。この執着から離れるとき、濁っていた心は水晶のように澄み切って、鉛のように重かった心は羽毛のように軽くなり、漆黒のように暗かった心はすぐにまっ昼間のように明るくなる、ということの道理を知らねばなりません。

18 完全な悟りとは

スニムがお書きになった『仏教と平和』という本を読むと、「完全な悟りを開けば、水が流れるように人生は自由になる」とありますが、悟りに大きい小さいがあるのか、どんな境地に至ることが完全な悟りなのか、教えてください。また、仏教は悟った者がまだ悟っていない者を悟りに導くものだといわれていますが、悟りとは何なのか、はっきり知りたいのです。

悟りがどんなものか言葉で表現するのは難しいことです。食べ物の味は直接食べなければわからないのと同様、悟りを言葉で説明するのには限界があります。〝それはどんな味か〟というのは、本人が直接食べてみて判断しなければなりません。他の人が説明して教えてあげられるものではないのです。

ですからそんな問題はさておき、今のわたしが、今よりもっと自由でもっと面白く、もっと楽しく生きられないか考えてみましょう。それは今でも可能なことですから。どうすればそのように生きられるでしょうか？

まず初めに、間違ったことをしたとわかったら、反省する必要があります。人びとはたいてい、自分が間違ったことをしているとさえ知らずに生きています。また、そうとわかっても反省するのが嫌いです。それを認めたら自尊心が傷つくので、自分が間違っていたと認めようとしないのです。

でも、何か間違ったことをしたとき、そのことを十年後に知るのがいいですか、その日に知るのがいいですか？　どちらが自分にとって有益でしょう？　十年後にわかったということは、無知の状態が十年も持続したことになります。それはどんなに大きな損失でしょう。ですから、間違ったことをしたらそのときに知ることが重要です。そして知ったら反省すればいいのです。

煩悩にとらわれている衆生は、自分が間違ったことをしているのに、それを知りません。そして間違ったことをしたとわかったら「ああ、ばかみたいだ、わたしはなんでいつもこうなんだ？」と言って自虐的になり、これからは絶対に間違ったことをしないぞ、と必死になります。しかし、そうやって必死になればなるほど、間違ったことをする自分をより嫌悪し、ますます自虐的になります。まったくばかみたいだ、と自分を卑下するのです。

間違ったことをしないぞ、とあまり必死になりすぎず、ただ最善を尽くせばいいのです。そして、間違ったことをしたとわかれば反省すればいいのです。間違ったことをしているのにそれを知らないのも、間違ったことをまたするんじゃないかとびくびくしているのも、どちらも苦しいことです。

二つ目に、間違ったことをしたとわかったら、直さなければいけません。間違ったことをしているのにそれを知らないのは愚かなことだし、わかっても直さないのは大きな損失です。間違ったことをしたとわかったら、すぐに直せばいいのです。

三つ目は、わからないことがあれば、尋ねてわかるようにしなければなりません。わたしたちはたいてい知らないのに知っているふりをします。天国はこうだ、地獄はこうだ、と言いますが、少しつっこんで聞いてみると何が何だかよく知らないのです。よく知らないままに、人から聞いたことであぁだこうだと言っているのです。そして自分が知らないのだということさえ知りません。

道がわからないときは尋ねるべき

わたしたちが「知っている」と言うことは、皆その程度なのです。「知っている」と言うけれど、それがどのくらい真実に近いでしょうか？〝自分は知っているつもりでいることが、実はどんなに間違っているか〟ということだけでもわかっていれば、かなりわかっていることになります。だから、知らなければ尋ねるべきなのです。

知ったかぶりをせずに、知らないことは大きな罪だと思わないで、ただ聞けばいいのです。この世界についてわたしたち人間が知っていることがどのくらいあるでしょう？たぶん、〇・一パーセントもないでしょう。よく知っている人でも〇・一パーセントも知らないのだから、よく知っている人と少ししか知らない人との差があるとしても、それはどれ程のものでしょうか？わたしたちは皆知らない人間に属するのです。

知らないということを認めれば、心が開いて他の人に聞くことができるのですが、知っていると思うから、心が閉じてしまうのです。夫が何か言えば「ああ、わかってます」と答えます。もう一度同じことを言われたら「わかってるってば！」と言ってイライラします。聞きたくないということでしょう。わたしたちは自分が知らないということを認めなければなりません。知らないのは恥ずかしいことではありません。

さて、ここで重要なのは、知らなければ知ろうとするべきだということです。知らなければ知っている人に聞かなければいけません。道がわからないときは、知っている人に尋ねるべきです。道を知らないのに人に聞かないで、五回、六回とぐるぐる回っていたら、ガソリンが切れるだけ、自分が損するだけでしょう。ただ簡単に尋ねればいいのです。

わたしたちは自分が知らないということがばれないか、とびくびくしています。ある記者がわたしに尋ねました。「スニム、即問即説法話のとき、答えがわからなかったらどうするのですか?」その人にとっては、それは大きな心配事なのでしょう。わからないことはわからないと言えばいいのに、何が心配ですか?「それはよくわかりません」と言えばいいのです。

わたしがどうやって世の中のことを全部知ることができるでしょうか? わたしはわかるというときより、わからないというときのほうがずっと多いですよ。ただ、ここでしている法話はわたしの専門ですから、皆さんよりわたしのほうが知っていることが少し多いというだけです。だからといって、わたしがすべて知っているわけではありません。わからないことがあれば、調べてきて答えればいいのです。そうすればわたしも勉強する機会になってうれしいことなのです。わたしの師のところに出かけて尋ねることができるのだから、どんなにいいことでしょう？

知らないことを知っているとかたくなに考えたり、間違っていることを間違っていないとかたくなに思ったり、失敗したのにうまくできたと言い張ったりするから、人生は苦しくなり発展がないのです。何か間違ったことを言うんじゃないかと怖がって、人に質問することもできません。また、このような場に来て尋ねるときでも、ただ考えが浮かぶままに聞けばいいのに、「いい質問をしなければ」という負担感をもち、「そんなことも知らないのか」と言われるんじゃないかと思ってひやひやします。人びとが「そんなこと何のために聞くのか？」と言うんじゃないか、とおじけづきます。こういったことを気にしていたら、ここへ質問しに来ることもあまりなくなります。

間違っていたことがあれば、「ああ、間違っていたなあ」と思って認めればいいのです。わたしたちがこの世で生きているあいだ、どれくらい多くの間違ったことをするでしょうか？　誤りを犯せば「ああ、誤ったことをしたなあ」と気づけばいいのです。皆、間違っていないと言い張るから苦しむのです。生きているあいだは、間違いがどんなに多いことでしょう。

「ああ、これはわたしが知らなかったんだなあ」

「ああ、これはわたしが間違っていたんだなあ」

「ああ、これはわたしが悪かったんだなあ」

そのように認めれば、人生は実に自由で軽やかになります。

第3部　自分の人生の主人公になる道

自分の考えを主張している人を見てみると、
それをぐっと握って放さず、
意地を張っています。
悪く言えば意地っ張りだし、
良く言えば主体性がある人ということでしょう。
自分の意見がはっきりしているとも言えます。
しかし実は、それでは人生の主人公になれないのです。
いつもまわりの環境に左右され、
喜怒哀楽にとらわれて暮らすことになります。
自分の考えを手放さなければなりません。
そうすれば、自分が主人公になることができます。

19 小言が我慢できません

子どもが怠けている様子を見ると、しょっちゅう小言ばかり言わなければならず、嫌になるほどです。まわりの人たちは、母親として子どもの行動を正すのは当然だと言いますが……。かといって、小言を言わずにただ黙って見ているのもとてもつらいのです。小言を言っても、この子の態度は根本的には直せないとわかっていながら、そうするしかない自分にイライラします。

このようなことは、必ずしも親子のあいだだけの問題ではありません。夫婦のあいだでも同じです。誰にでも、どこででも起きる問題です。こんなときふつうの人は、子どもを責めたり、自分自身を責めたりということをくり返して悩みます。しかし修行者なら、まず、小言を言うのも言わないのも、子どもの問題ではなく自分の問題だということに気づかなければなりません。

このようにとらえるのが修行者の態度であり、そうはとらえないのが世間の態度だと言えます。小言を言うのは、自分の望みどおりにしないので、そうさせたくて言うのであり、小言を言わないのは、自分の言うことを聞かないので、「もう知らない、好きなようにしなさい」と思って言わないのです。

相手の問題ではなく自分の問題ととらえる

小言を言うか言わないかで葛藤するのは、「子どものために、言うべきかどうか」を悩むからではありません。実際、言わないのもイライラするし、言って子どもとまたぶつかるのも嫌なので、二つのうちどちらが得かを秤《はかり》にかけているだけです。

子どものために悩むのではなく、どうするのが自分にとってより良いかを悩んでいるにすぎません。例をあげてみます。デパートの前を通りかかると、子どもが「お母さん、あのピストルのおもちゃ、買って」と言いました。そうしたらお母さんは「だめ」と言うでしょう。おもちゃのピストルを買ってとねだる子どもに「だめ」と言うとき、子どものために良くない、と判断してそうするのだと考えます。

ところが、子どもが床に坐って泣きながら足をドンドン踏み鳴らして大声を出し、行こうと言っても動かなかったら、「はいはい、わかったわ」と言って買ってやる場合があるでしょう？　こんなときわたしたちは「子どものために買ってやった」と考えます。買ってやらないのも子どものためであり、買ってやるのも子どものためだと考えるのです。このような考え方は世俗的なものです。

買ってやらないのも自分のためであり、買ってやるのも自分のためだと考えるべきです。買ってとねだられても買わないときは、自分が買うのが嫌だから買わないのです。そして子どもが泣きわめいたからといって買ってやるのは、なだめようとしてもできないので、面倒くさくて買ってやるのです。本当に子どものために買わないつもりなら、子どもがいくら泣きわめいてじたばたしても、買ってはいけないでしょう。子どものために買ってやるのなら、最初に買ってやるべきなのに、なぜそんなに苦しめてから買ってやるのですか？

ですから、これは自分の問題だと考えれば、煩悩《ぼんのう》は消え去ります。子どもの問題だと考える限り、解決策は出てきません。夫とのあいだに問題があって別れようかどうしようか、と迷うときも、それは自分の問題であって夫の問題ではないのです。このようにはっきりと立場を整理したら、修行者の姿勢になったと言えます。

子どもが勉強をせずにコンピューターゲームばかりするので、心配になるんです。

こんなときわたしたちは「一切の現象は空《くう》である」と見なければなりません。その子はただそうしているだけです。コンピューターゲームをしているだけ、遊んでいるだけで、それを見る自分の考え、自分の基準のせいで分別《ふんべつ》（判断）が生じ、怒りがわいてきます。それを見て、自分が我慢できずに問題にしたせいで子どもを叱るのは、自分の怒りを解消することにすぎません。だから子どもにとっては小言になります。

こんなとき、小言を言ってはいけないと思うのは、言いたいけれど我慢するということです。世間では我慢する人は良い人だと言いますが、修行の観点から見ると、我慢することは修行ではありません。つまり、それでは問題を根本的に解決できないということです。

こんなときは、自分を見つめるべきです。「子どもがあんなふうだからといって、なぜわたしは腹を立てるのか、子どもがああだからといって、なぜわたしは苦しいのか？」このように問題の原因を見極めなければなりません。

わたしの意見、好み、考えに固執して意地を張ったから、イライラし、腹が立ち、苦しみ、悲しくなったのです。その意固地《いこじ》な考え方を手放さなければなりません。これを「想」と名づけるなら「想」を捨てねばならず、これが「我執」であれば「我執」を放さなければなりません。これが「分別」なら、「分別」をやめなければならず、これが「執着」なら、「執着」を捨てなければなりません。

そうすれば、子どもが何をしても、自分は穏やかでいられます。もうすでに腹が立っているのに、それを外に出すか出さないか、というのは世俗的な善悪の問題です。怒りを外に出さずに我慢すれば善であり、怒りを外に出せば悪だという考えは、世俗的な物差しで見たときの善悪です。それはすでに腹が立っているときの対応のしかたにすぎません。

それなら修行とは何でしょうか？　なぜ怒りが起きるのかを見極めるということです。子どもがそうしたからといってなぜ腹が立つのか、それを振り返って見るということです。つまり、怒りが起きないようにすることが修行です。腹を立てないのが修行ではなく、腹が立たないのが修行です。腹が立たないのだから、我慢する必要はありません。

腹が立ったり、頭に来たりするとき、この怒りがなぜ起きたのかを振り返って見ることを修行といいます。振り返って見ると、いつのまにか怒りは消え去ります。ところが大部分の人は修行をどのようにしていますか？　腹を立てるか立てないか？　我慢するかしないか？　こんなことを取り上げてどちらが修行になるのか、と論じています。

腹を立てたら立てたで副作用があるし、我慢すればしたで苦痛があります。ですから、苦痛から抜け出して解脱《げだつ》に至ることができません。この怒りが、苦痛が、なぜ起きるのか、その本質を見るべきです。わたしたちの修行は、それが核心なのです。

自分が穏やかになれば、この世のすべてのことは問題ではなくなります。そう言うと、皆さんはまた、こう尋ねるでしょう。「わたしだけ穏やかになっていいのですか？　子どもはどうするのですか？」自分が穏やかになったら何の問題もありません。すべて自分にとって不都合だから、いつも問題があるとみなしているのです。

ですから、全部自分の問題だということです。すると「自分さえ穏やかならいいのですか？」と聞きますが、自分が穏やかになれば、自然に子どものために良い道が何なのか考えられるようになります。わたしが今、前もって話をしなくても、そのときが来れば自然にわかるでしょう。自分の意見に固執しながら話すときより、ただ自分の意見として話すときのほうが、相手に受け容れられる確率がより高いのです。また、子どもが受け容れなくても、何の問題もありません。

〝わたし〟というものが万病の原因

実際は子どもがだめなのではなくて、自分がだめなのです。ですから「振り返って自分をよく見極め、とらわれから抜け出しなさい」ということです。とらわれから抜け出すというのは、わたしが小言を言うのが間違っていたということではなく、わたしは正しくて間違っている点はない、と考えるのが間違っていたということです。

そして「わたしは正しくて、あなたが間違っている」と考えることだけが間違っているのではなく、「あなたが正しくて、わたしは間違っている」と考えるのも間違っているのです。正しいとか間違っているとかいうことはないのに、あると錯覚して他人を憎むことが、間違いなのです。その錯覚に気づくのが、とらわれから抜け出すということです。

ですから、相手が何か言ったとき、小言を言えば修行にならず、小言を言わなければ修行になる、ということではないのです。これは自分の問題だが、それにわたしはどう対応するのか？ 小言を言ってイライラを解消する人もいるし、その副作用が嫌で小言を我慢する人もいます。それらは皆世俗の人びとの対応のしかたです。小言をよく言うという人も、少しは我慢しながら言っています。我慢するという人もたまには小言を言っています。ですからその割合が違うだけで、根本的な行為は同じです。小言を言ったときも我慢したときも、修行者はつねに自分を振り返るべきです。

自分を中心においてものごとを見る〝わたし〟というものが潜んでいる限り、苦しみから抜け出すことはできません。この〝わたし〟というものが万病の原因なのです。

20　冷めた夫婦関係を回復するには

わたしは結婚して十一年で子どもが二人いますが、夫とのあいだに深刻な問題があってここに来ました。夫は結婚後二年ほど仕事をしたのですが、それを辞めて、五年間ほど勉強して国家公務員試験を受験し、今は公務員として地方で勤務しています。夫が勉強を始めてからは、子どもの教育や家の中のことは一切わたしがやってきました。夫が望みを実現するのを邪魔してはいけないと思ったからです。時々体が疲れることもありましたが、そんなときも前向きに生きてきました。問題は試験が終わってから起きたんです。

夫はふだんからお酒が好きで、家族と一緒に過ごすより、友だちとお酒を飲むことを好んでいました。家庭に気を遣っていては試験に合格できないと脅かすので、何も言わずにいました。試験が終われば変わるだろうと思っていたんですが、試験が終わっても、昼間は寝たり外出したりして、家庭のことは自分は知らないという態度でした。何が問題だったのかよくわからないんですけど、あるときから夫婦間に完全にひびが入ってしまい、食事も別に食べるし、わたしと口もききません。

夫が地方に単身赴任してから二年になります。

夫は、それ以前は子どもを世話することもなかったのに、単身赴任してからは、週末に帰ってきたら子どもたちと遊んでやったりするので、わたしは何か解決の糸口がつかめるんじゃないかと思いました。ところが依然としてわたしに対しては、まともに顔も見ようとしないんです。必要な話は電話でしています。時間がたって少し離れていれば、解決すると思っていたのに……。

今はけんかしているわけではないけれど、夫は地方での仕事を続けなければいけないし、周囲の人はこのままじゃだめだ、なんとかしなさいと言うんですが、何から手をつければいいのかわかりません。

別れたいのですか、それとも一緒に暮らしたいのですか？

別れたいのかと聞かれれば、そんな必要はないみたいだし、かといって一緒にいたいという気持ちもありません。

それなら今の状態がぴったりですね。一緒に暮らしたら暮らしたでイライラしたり文句を言われたりして面倒でたまらないし、離婚したらしたでバツイチだ、独り者だと言われるし、また子どもの問題で悩むことも多くなるだろうし。だから、今が一番良い状態でしょう。見ようによっては一人で暮らしているようでもあるし、それでいて子どもにとってはお父さんもいるし、あなた自身も公務員の夫人として見られるんだし、自分の望むとおりになっているんじゃないですか?

人生というのは自分が望むようになるものです。何の問題もないのに、なぜまわりの人の言うことを気にするのですか? しかし、現にあなたが気にしていて、ここに質問しに来るということは、問題があるということでしょうね。

一緒に暮らしたければ、今からでもご主人に合わせなければいけません。もし一緒に暮らすのが嫌なら、合わせなくてもいいのですよ。自分の気性を変えたくなければ、別れる方向に進めばいいし、一緒に暮らしたければ、〝わたし〟というものを捨てなければなりません。

今は、〝わたし〟というものを捨てるのも何だし、独りで生きるのも何だし、といったその状態にちょうどよいようになっているから、心配せずに暮らしてください。もう少したてば結論が出るでしょう。「こんなふうに暮らすよりは別れたほうがいい」ということになるなり、「もう子どもも大きくなってるんだし一緒に暮らさなきゃ」となるなり、それに合わせて判断すればいいのです。

そして、一緒に暮らそうとするのなら、頭を下げなければなりません。頭を上げたまま一緒に暮らしたいでしょうが、それはだめです。

離れて暮らしているのは、それだけの理由が自分にあるのであって、ご主人のせいだと考えてはいけません。自分自身に問題があるのです。「わたしは悪い人間だ」と考えろと言ってるんじゃありませんよ。今どうすればいいのか、ということは自分の手にかかっているということです。一緒に暮らすか別れるかは、あなた自身が選べばいいのです。わたしに質問したのは、一緒に暮らしたいから質問したのでしょう？　一緒に暮らしたければ、ご主人に対して心から頭を下げ、謙虚にならなければなりません。

なぜ、わたしだけ、そうしなければならないんですか？

あなたがご主人と一緒に暮らしたいと言うからです。もしご主人がわたしのところに来て、奥さんと一緒に暮らしたいと言えば、奥さんに頭を下げなさいと言います。けれど、今ご主人は別に一緒に暮らしたがっていないので、頭を下げる必要がありません。

人生は皆自分が選択して生きるものであって、倫理や道徳によって生きているのではありません。自分がこの女性が好きだというなら、その女性の気に入るように行動しなければいけないでしょう？　つまり、その女性に自分を合わせなければいけないでしょう。その女性が嫌いなら自分の好きなように生きればいいのです。そして相手が別れようと言ったら「ちょうどよかった」と思うべきで、「わたしを裏切るのか？」などとつっけんどんに言ったりするのは馬鹿げたことです。

わたしは女性だからといって特に大目に見ることはありません。女性だからといってわけもなく同情することは、女性をだめにするだけです。女性も一人の人間として、自分の人生に責任をもたねばならないでしょう。

こんなことがありました。ある信者さんが「通りすがりの男がわたしのお尻を触った」

と怒って、わたしのところに相談に来たんですが、わたしは「それは気持ちがよかったでしょう。相手はお金をいくらくれと言いましたか?」と尋ねました。すると「お金って何のお金ですか?」と言ってわたしに抗議したんです。それでわたしは「えっ? 指圧をしてもらうならお金を払わなきゃいけないのに、あなたはただでしてもらったんですね」と言いました。

この話は、一つ間違って聞くと大きな誤解を生むでしょう。わたしの言葉の主旨は「今は、あなたがあなたを苦しめている」ということです。考え方を変えて被害者意識から抜け出さなければいけません。被害者意識は自分を苦しめるだけなんですから。

それなら、そんな男はただ放っておけばいいのかと言えば、それはまた別問題です。もしこんな問題を解決しようとするなら、少し骨を折らなければなりません。そういうときには針のようなものを持っていて相手の手を容赦なく突くのです。そうする勇気がなければ相手を正すことはできません。

家に帰って一人で泣いても、自分が損するだけで世間は何一つ変わらないのです。そのような同情を受ける愚かな人生を生きてはいけません。自分が人生の主人公だということを忘れてはいけないのです。夫のせいで自分の人生がこうなったなどと言うのは、近頃のような良い世の中でする話ではないよ、ということです。

わたしから見れば、あなたはご主人と一緒に暮らしたいから質問されたように見えますね。それなら過ぎたことにこだわらず、ただご主人を大切にして暮らせばいいのです。

もし本当にその暮らしが嫌なら、今からでも家に帰らなければいいじゃないですか。どうしようか、と考える価値すらないことです。今この場所から家に帰らなければそれで終わりです。そうできないのは自分ができないからで、ご主人や他の人のせいではないということです。

わたしが、離婚したくない、ということですか?

人の心というのは行ったり来たりするもので、今日は好きなことが明日になれば嫌いになったりして、これは信じられないものです。考えがあちらこちらに揺れているということでしょう。相手から少し良くしてもらえば前世で何かの福を受けてこんなすばらしい男性に会ったと思い、また、良くしてもらえなければ前世で何かの罪を犯してこんな悪い男性と会ったと思うんですが、それはすべて煩悩です。わたしたちは、たった一日の中でも十二回も考えが行ったり来たりするのです。生涯互いに慈しんで暮らす人たちでさえ、日に何度も一緒にいるのが嫌だという考えが頭をかすめるものです。

「あんな人は、どこかでのたれ死んでしまえばいいんだ。虎にでも食われてしまわないものか」と言ってわめき散らし、けんかしていた夫婦がいたのですが、夫が倒れたという知らせを聞いてわたしが病院へ駆けつけてみると、他には誰もいず、奥さんがただ一人来ていました。ふだんいくら悪口を言っていても、奥さんが一番心配して世話を焼いてあげていたのです。

ですから、相談しに来る人たちは、とてもつらいと言いますが、わたしから見れば別段つらそうではないんです。なぜなら、つらいつらいと言いながらも、わたしが「そんなにつらいなら寺に来て暮らしなさい」と言うと、「どうやって食べていくんですか?」と反問します。それで「ご飯は食べさせてあげます」と言うと、「ご飯しかくれないんですか? 給料はくれないんですか?」こんな答えが返ってきます。「ご飯なら家でも食べられるんですが……」

ということは、そうは言ってもここより家のほうがいい、という意味じゃないですか? 皆さんがどんなにつらいと言っても、ここで暮らすよりはいいと思って家で暮らしているわけですから、わたしはみなさんがどんなに切々と訴えても同情なんかしません。本当に嫌ならここに来て暮らせばいいのに、そうはしないんですよね。

これからは素直な気持ちになって心から頭を下げて暮らしてください。形式的にではなく、心から謙虚にならなきゃいけません。公務員であるご主人は、奥さんから見ればちょっとあきれるような人間であっても、外ではどれだけすぐれた人として尊敬されているでしょう。世間の人たちは皆敬ってくれるのに、一番尊敬してもらいたい妻が自分の弱点を知っていてかまってくれないので、妻の顔を見るのが嫌になるのです。それで、できれば顔も見ず口もきかないでいようとするのです。

奥さんが本当に頭を下げれば、ご主人は初めのうちは今までよりも高圧的な態度に出るかもしれませんが、しばらくすると、とても良くなるはずです。男たちは妻から支持されれば、がぜん元気になります。この世の支持を皆得ても、妻から支持を得られなければ、心の中にいつも劣等感をもつものです。ですから自分と夫、子どもたち皆のために、ご主人に頭を下げ敬って暮らしてください。

21 謙虚に堂々と生きなさい

わたしはキリスト教系の学校に通っていました。なので、友だちも先生も皆キリスト教徒で、わたしを見るたびに伝道しようとします。ふだんは問題なく過ごしているのですが、何か事が起きると、わたし自身は仏教についてまだよく知らないのですが、キリスト教徒の人たちに抵抗感をもってしまいます。どうしたら、うまくいくでしょうか？

夫婦のあいだでも、うまくやろうとすれば自分の考えに固執してはいけませんが、この場合も同じです。自分の考えに固執しないというのは、どんな考えももつなという意味ではありません。あなたにはあなたなりの考えがあり、夫には夫なりの考えがあります。なのに自分の考えだけが正しいと思ってそれに固執してはいけない、ということです。だからといって、夫の考えが無条件に正しいから従いなさい、ということでもありません。相手を理解して認めなさいという意味です。

お釈迦《しゃか》様は「弟子たちよ、傲慢《ごうまん》にならず謙虚でいなさい。弟子たちよ、卑屈にならず堂々としていなさい」とおっしゃいました。わたしたちは、謙虚になれと言われると卑屈になりやすく、堂々としろと言われると傲慢になりやすいものです。けれどもよく見ると、謙虚であることと堂々としていることは、一つのものの表と裏だということがわかります。中が堂々としていれば、外は自然と謙虚になります。

自分が他の人より金持ちで地位も高いからと言って、肩をいからせて傲慢になっている人は、自分よりさらに金持ちで地位の高い人に会ったら、その人の前では頭を上げられず卑屈になるでしょう。傲慢なことと卑屈なことは一対のものなのです。

ですから、お釈迦様の教えに従う本当の仏教徒なら、何事にも堂々としていなければなりません。まわりの人が皆教会に通っても、平気でいなければいけません。自分が目覚めているなら、まわりで人が何か言っていたとしても、なんで動揺したりするでしょうか?

わたしは集会や市民運動団体が集まるところへあちこち出かけるのですが、そこではキリスト教徒の人たちが大部分です。二十名、三十名に会っても、わたし以外は全部牧師さんか長老の方です。ですから、わたしが行かなければ、完全にキリスト教の祈祷の集まりのようになるでしょう。だから何か少しものごとがうまくいけば、皆神様の恩寵《おんちょう》だと言います。あるときは、わたしを意識して「仏教では何と言うのか知りませんが、わたしたちが見ると、これはすべて神様の恩寵です」と言ったこともあります。そう言われたらわたしも「はい、神様の恩寵です」と言います。事がうまくいったのに、誰のおかげかにこだわる必要などあるでしょうか?

内面的に堂々としていれば、何も問題はありません。何か気を遣っているというのは堂々としていないということであり、そうであれば他人の目にも閉鎖的に映ります。閉鎖的であることはお釈迦様の教えではありません。スカッと開かれていなければなりません。先生や友だちが教会へ通っていて、一緒に行こうと誘われたら、時間があるなら行って、用事があれば行かなければいいでしょう。

この前アメリカでの巡回法会《ほうえ》のとき、ある信徒の方が「ああ、ここはお坊さんもいらっしゃらないしお寺もないので、修行がうまくできません」と言いました。それで「家でしたらいいでしょう?」と言ったら、周囲の雰囲気が散漫なのでできないということでした。わたしは「そういう場合は教会へ行ってすればいいのです」と言いました。

教会や聖堂は、お寺のように雰囲気が静かじゃないですか。そこに行って他の人たちが「神様」と言いながら祈るとき、自分は心の中で「観世音菩薩《かんぜおんぼさつ》様」と言いながら自分自身を見つめればいいし、そんな修行の場所として教会を使わせてもらったのだから、感謝の気持ちで布施をすると考えて献金箱にお金を入れれば、大きな問題はありません。

大学で教授を採用するときにも、キリスト教徒であることが第一条件です。以前ある人が、ある仏教財団の大学で学んだあと、教員としてわたしの通った学校に来ようとしたのですが、「キリスト教徒が仏教財団の大学で学ぶなんて、とんでもない」とやめさせられたんです。やめさせた人たちはわたしの親しい友だちだったので、彼らがそんな態度をとるのを見ると、気が重くなってしまいます。

この世間のできごとですから……。例えば、慶尚道《キョンサンド》の人たちが集まる場所に全羅道《チョッラド》の人が来たら少し差別するし（朝鮮半島南東部の慶尚道の人と南西部の全羅道の人は、歴史的な背景によって対立感情をもっているといわれる）、またその反対の場合でもそんなことがあるでしょう。その学校だけがそうではないのです。

仏教財団の東国《トングッ》大学でも、五戒授戒（五つの戒を授ける儀式）を受けていない人は教授に採用されません。また、東国大学ではキリスト教学生会をつくることは許可されていません。キリスト教財団の梨花《イファ》女子大や延世《ヨンセ》大学では、仏教学生会の活動が許可されていますが、東国大学ではキリスト教学生会が許可されていないのです。皆それなりに自分を守るためにそのようにしているのですから、非難するようなことではありません。

自分の利益のために宗教を選ぶつもりなら、就職のために他の宗教に改宗するといいでしょう。でも信仰の方がより大切だと考える人は、堂々と自分の宗教は仏教だと明かせばいいのです。また、仏教徒だから就職できないと言われたら、憲法に信仰の自由が明記されているのに、大韓民國の人間がどうしてそんな憲法に反した発言をするのか、と言えばいいのです。それでもだめなら法廷で争い、勝訴すれば幸いだし、敗訴すれば「だめだったなあ」と受け容れて生きていけばいいでしょう。

この世の中を生きていくとき、自分が正しいと考えても思うとおりにはいかないことが、一つや二つですむでしょうか？ですから、自分の中心をしっかりつかみ、目覚めていなければなりません。

愛し合う関係ならば……。

愛も同じでしょう。愛がより重要だと考えれば、愛を得るために宗教を変えればいいのです。わたしは男女間の愛がそんなに高貴だとは考えていません。わたしたちが恋に落ちたというとき、その心理状態は、高貴なものというより、執着であったり何かに偏ったものである場合が多いように思います。

例えば、夫が自分に真心込めて本当によく尽くしてくれるから、夫なしでは生きていけないと言っていた女性がいたのですが、ある日その夫が亡くなったのです。それでわたしが夫を失った悲しみを慰めに行きました。その女性がわたしをつかまえて涙を流しながら言ったのは、「ああスニム、夫が死んで、わたし一人どうやって生きていったらいいでしょう」という言葉でした。

わたしはその言葉を聞いて、はっとしました。彼女は死んだ夫のことではなく、自分がどうやって生きていくかを心配しているのでした。そしてしばらくしてから、「ああ、子どもを二人連れてどうやって生きていけばいいでしょう」と、父親のいない子どもを心配するのではなく、子どもを育てる自分のことを心配しているのです。これがいわゆる愛というものなのです。死んだ夫よりも、残った自分を心配しているではないですか。

鼻がゆがんでいて足がない男性を見て一目ぼれした、という話を聞いたことがありますか？　たぶんないでしょう。すぐれた人物であるとか、お金持ちだとか、声が良いとか、親切な人だとかに一目ぼれした、という話ならたくさんありますが――。ですから、一目ぼれしたというような愛は、利己的な心から来ているということなんです。このようにはっきりとわかって人を愛したなら、愛が涙の種や憎しみの種になることはないでしょう。

自分に真心込めて尽くしてくれた夫を亡くした女性は、独りで寂しく生きていると、それを慰めてくれる他の男性が必要になります。それでその女性はいろいろな男性を紹介されましたが、死んだ夫ほどの人はいなかったそうです。他の男性とデートしたり、コーヒーを飲んだり、車に乗ったりするときにも、いつも頭の中では死んだ夫のことを考えて比べているのです。

この女性にとってはこれが夫への愛なのですが、実はこれは死んだ夫がこの女性を束縛しているのです。それで彼女は他の男性とつきあうことができないのです。つまり、自ら囲いをつくって自分を疎外してしまったのです。だから不幸せに暮らしました。いつも過ぎ去った過去を考えて、それにとらわれて生きているのです。なので、いつも寂しく苦しいのです。そうしたあげく自殺してしまいました。自殺は愛ではありません。一種の精神異常の状態です。夢と幻想にとらわれて、結局、現実の自分を放棄してしまったということです。

わたしたちが言うところの「観世音菩薩様の愛」は、このような男女間の愛とは違って、相手について深く理解することです。観世音菩薩様のような愛を実践するのが修行者ですから、そのような愛においては、相手の宗教が違うということも障害にならないでしょう。他の宗教を信じていることが愛の障害になるのなら、その愛に利害打算の利己的な心が隠れていると見なければなりません。

価値があるかないかということは、存在そのものにあるのではありません。わたしたちがどんな用途や目的にどのように利用するかによって、存在に価値の高低が生まれるのです。ですから、すべての存在の実相は空《くう》であり、それは因縁によって生じるというのです。

22 職場が嫌いでしかたなく通っています

スニムは法話の中で、「軽く生きなさい、自分を愛しなさい」とよくおっしゃいます。しかし、嫌でもやらなければならないことがあるのではないでしょうか。具体的に言いますと、職場が嫌いで、このお寺に来て働きたいと思っているのに、現実はそうできないんです。それでこの一年間ずっと、職場が嫌だと思いながらしかたなく通っているんですが、どうしたらいいでしょうか？

辞めればいいじゃないですか？

でも、お金を稼がなければいけない立場なんです。

そうする以外どうしようもない、ということはないでしょう。子どものためですか？

いいえ。子どもはいませんが、わたしが生計を立てているんです。

このごろはパートタイムもたくさんあるじゃないですか。どのくらい稼がないと生計が立たないんですか？

年金をもらうまでは働いて、そのあとここに来たいと考えていたんですが、夫は自分が失ったものを挽回しようと思って、銀行からたくさん借金をしているようです。借金がどのくらいなのかは言ってくれません。ですから、今のような状態では「もう家も売ってしまえばいい。そしたら、夫もわたしも行くところはここしかなくなるんじゃないか？」と考えたりもするんですが……。

この短い人生で、なぜそんなにやりたいことを我慢して生きるのですか？ やりたいことがあればやってしまいなさい。できない理由がどこにありますか？ そんなに涙ぐむほどやりたいことを我慢していたら、病気になります。病気になって治療に何百万というお金を使うより、やりたいことをするほうが百倍もましでしょう。

ここへ来て働きたい、教会へ行って働きたい、海外へ行って働きたい、という気持ちが切実にあるのなら、本当にそれが病気になるほど切実なら、してください。できない理由は一つもありません。

以前新聞で見たのですが、会社に辞表を出して、家を売ってつくったお金を持って、子どもたちには学校を休学させ、世界一周の旅をした人がいたそうです。戻ってから食べていけるだろうかと思ったけれども、帰国後はお金をたくさん稼いだそうです。ですから、やりたかったらやってみてください。しかしまた、やりたいことを全部できる人生はありません。

自由とは何かについて、もう一度お話ししなければいけないようです。自分の考えを主張している人を見てみると、それをぐっと握って放さず、意地を張っています。悪く言えば意地っ張りだし、良く言えば主体性がある人ということでしょう。自分の意見がはっきりしているとも言えます。

しかし実は、それでは人生の主人公になれないのです。いつもまわりの環境に左右され、喜怒哀楽にとらわれて暮らすことになります。自分の考えを手放さなければなりません。そうすれば、自分が主人公になることができます。

農夫が畑仕事をするのに、自分の考えばかり押し通すとしましょう。「明日は上の田んぼに農薬をまこう」このように、まず自分のする仕事を決めます。それで夕方、明日農薬をまく準備をすっかりしておきました。でも次の日に雨が降ったら、できないですよね。

雨が降るかどうかということは、自分の思いどおりにはいかないことです。ですから、わたしより偉いお釈迦様にお願いしなければと考えて、寝る前に「お釈迦様、明日は農薬をまこうと思いますので、雨が降らないようにしてください」と祈って寝ました。ところが朝起きてみると、雨がしとしと降っています。

それで、「お釈迦様を信じても役に立たない。天気は何の恨みがあってこんなにわたしを苦しめるんだ？ まったく……。きのう農薬をまこうと思ったときはずっと晴れていたのに、なぜ今日に限って雨が降るんだ？」と不平を言いました。

結局この農夫は腹を立ててヤケになり、お酒を一杯飲んで寝てしまいました。夕方になって起き上がり、考えが変わりました。

「どうせ雨が降っているんなら、しかたないじゃないか。いっそのことずっと降ってくれ。そしたら明日の朝、唐辛子の苗を植えればいいんだ」

こう考えを変えて、また予定を決めました。唐辛子の苗を植えようと思ったので、明日も続けて雨が降ってくれないといけません。それで「お釈迦様、この雨、ずっと降らせてください。かまいません」と祈って寝ました。朝起きてみると、かんかん照りでした。それでまたカッとなって怒りました。

「いったい天気の奴め、なんて天邪鬼《あまのじゃく》なんだ。こうしろと言えばああして、ああしろと言えばこうして、なんてことだ？　何の恨みがあるというんだ？　こんなことでどうやって畑で食っていけるというんだ？　天気までわたしをこんなに苦しめるとは。こんなことでは、畑仕事はできないじゃないか。ああ、イライラする。もう我慢がならない」こう思いました。

笑い事ではありません。これがわたしたちの人生です。子どものせいで煩わしい、夫のせいでうんざりだ、職場のせいで我慢できない、工場を増設したのに経済危機が急に起こってもうたまらない、こんなふうに周囲の人や環境のせいにばかりしています。

自分の考えを優先しなければ自由

では、どうすれば自由になるのでしょうか？　夜になれば寝ます。何の考えもなくぐっすり寝ます。寝るときはただ寝るだけです。ぐっすり寝て起き上がり、空を見上げると、霧がもやもやと立ち込めていました。今日は晴れるだろう、と思えば「天気が良ければ何をしよう？　そうだ、上の田んぼに農薬をまこう」と考えてその準備をし、小雨がしとしと降っていたら「今日は唐辛子の苗を植えればちょうどいい。下の畑に唐辛子の苗を植えよう」と言って畑に行きます。雨がざあざあ降っていたら「今日は一日中雨だなあ。ああ、このところずっと休まずに働いたから、今日は濁《にご》り酒《ざけ》でも一杯飲んでゆっくり寝るとしよう」と考えます。

雨が降ろうが降るまいが、曇りであろうが晴れていようが、自分の考えを優先しなければ、自由になります。これが大自由、大解脱です。皆さんは、自分の思いどおりに、自分のしたいようにできるのが自由であり解脱だと思うから、自由でなければ死んだほうがましだと言います。それは目覚めていない人のすることです。それは半分だけの自由です。それは煩悩にとらわれている衆生《しゅじょう》の自由です。そんなふうにしていると、いつもつまずいてころんでしまいます。

でも、やりたいことがあればやってください。そうすれば、夫と離婚するという報いを受けるかもしれません。家が人手に渡るという報いもあるかもしれません。お釈迦様は持っていた王位も捨て、妻も捨て、子どもも捨てましたが、それがどうかしたでしょうか？やりたければそのような報いは快く受け容れてください。そのような報いが嫌なら、それはそれでいいじゃないですか？職場に通えばいいでしょう。どうせ寺に来ても子どもたちの面倒をみるんだし、職場である学校に行っても子どもを教えるんだし、ただそうすればいいのです。それのどこが難しいですか？

何がそんなに心配ですか？

皆さんは「ああスニム、どうしてこんなにつらいんでしょうか？」と言います。食べていくのがそんなに簡単なことだと思いますか？日雇い労働者は工事現場で働くために毎朝六時に家を出なければなりません。仕事がみつかれば、空気の悪い現場で重い桶を背負って八時間、十時間働き、暗くなってやっと終わるのです。毎日そのようにして暮らす人もいます。それが国民の多数です。田舎に行ってみてください。今のような秋の季節には、農業をする人びとは、夜明けから畑に出て一度も腰を伸ばすことなく夜遅くまで働いています。皆世間の人はそのように暮らしているのに、いったい何がつらいというのでしょうか？　あるとき、誰かがこう言いました。

「明日、登山に行くんですけど、雨が降ったらどうしましょう？」

「遊びに行くんだから、雨が降っても別にいいじゃないですか？」

「いや、だめですよ」

昔は雨が降ったら、雨具や編み傘のような重いものをかぶって、どしゃ降りの雨に打たれながら田んぼに行って田植えをしたものです。天水田に雨が降らず田植えができないでいたのが、雨が降ったので雨に打たれながら田植えをし、畔《あぜ》に坐って雨水が半分入ったすいとん汁を食べては働いたのです。それなのに、雨が降る日に遊ぶことのどこが難しいですか？　田植えは雨が降るときしなければいけないから大変ですが、登山なんて雨の日に行きたくなければ行かなければいいだけじゃないですか。わたしがこう言ったら、今度は「借り切ったバスはどうしたらいいんですか？」と、こうなんです。

ああ、まったく、そんなことも心配ですか。乗らなければいいだけでしょう、何が心配なんです？　絶対にそこまで行ってこないと元が取れないんですか？　乗らなければ、乗るよりは安くつくんでしょう。

ですから、心配しなくてもいいことを心配する人も、過ぎてしまったことに涙を浮かべる人も同じです。人間は自分の考えにとらわれていると、天が裂けてしまうかのように思いますが、そう考えないで、本当に嫌なら辞表を出してお寺に来てください。今までも無事に生きてきたのに何が心配ですか？　やりたかったら、すればいいのです。そしていろいろな困難があれば、快く受け容れるだけです。

お金があるならあるなりに、なければないなりに生きればいいのだし、必要なら土方仕事をするもよし、その時々の状況に合わせてやっていけばいいのです。「誰かが生活費を出してくれさえすれば、わたしもボランティアがしたい」こんなことなら、誰でも言えるでしょう？　「宝くじが当たりさえすれば……条件が整いさえすれば……」こんな人生を生きてはいけません。

これは皆煩悩、妄想《もうぞう》（みだりな想念）です。考えを手放して、朝早く起き、気持ちよく職場に行って、子どもたちが言うことを聞かなければ、お仕置きをしながらでも心を込めて教えてやり、担任をもてと言われたら断って、最小限の時間だけ使って誠実に働き、残った時間は寺に来て働いて、帰宅が遅いと文句を言われたら「すみません」と言ってください。そして、してあげるべきことはするのです。筋をはっきり通さなければいけません。そうしたら誰が文句を言うでしょうか？

これはすべて優柔不断から起きる問題です。なぜ優柔不断になるのでしょうか？　欲が多いからです。優柔不断なのは性格のせいだと言われますが、違います。欲が多いためなのです。こっちを取ろうとすれば、あっちを取りそこなうようだし、あっちを取ればこっちを取りそこなうように思って、両方を取ろうとして目を皿のようにしてにらんでいるから、優柔不断になるのです。決定が早ければ「あの人は思い切りがよい」と言われますが、思い切りがよい人は欲がない人です。潔くあきらめるからです。

23 法を操ることと法に操られること

お釈迦様の法（教え）を学んで、法を操ることと、法に操られることについて考えるようになりました。これについてスニムのお話をお聞かせください。

「法を操る、法に操られる」という言葉は『六祖壇経《ろくそだんきょう》』（中国の禅宗第六祖である慧能《えのう》大師の説法記録集）に出ています。慧能大師は、文字を知らなかったにもかかわらず、お釈迦様の教えに目覚めて多くの人を悟りに導いた方です。

当時、人びとのあいだでは慧能大師について相反する意見がありました。大師に会って法話を聞いた人びとは、この方はこの地に出現されたお釈迦様だと言い、一度も会わなかった人びとは、経典を一行も読むことができないばか者が偉そうに知ったかぶりをしていると非難しました。

その時代に、『法華経』を三千回読経して自分は法に到達したと言い、自らを「法達《ほうたつ》」と呼ぶ僧侶がいました。しかし法達は、『法華経』をそれほどまで読んだのに、実は心は悟っていませんでした。

それで法達は慧能大師のところに行きました。何か学ぼうとして来たのだから、ひれ伏して礼拝《らいはい》しなければいけないでしょう？　それで礼拝するにはしたのですが、心の片隅に拒否する気持ちがあったので、額が地面につきませんでした。慧能大師がそれを見て、「額が地面についていないところを見ると、何か慢心しているな」と小言を言いました。

それを聞いて、法達はやって来た理由を言いました。「わたしは法華経を三千回読んでも、その意味がよくわかりません。ですから教えていただきたいと思います」

すると慧能大師は「わたしは文字を知らないから、おまえが読んでみなさい。わたしが意味を言ってあげよう」とおっしゃいました。それで法達は『法華経』を暗誦《あんしょう》したのですが、「方便品《ほうべんぼん》」と呼ばれる一節に至ったとき、大師が「もうやめなさい。おまえに法華経の大意を教えてやろう」とおっしゃいました。

大師の話を聞いて法達は、あんなに覚えてもわからなかったことを、たちどころに悟りました。そうしてようやく法達は師匠に対して礼儀正しく言いました。「法華経を三千回読んでも何もわからなかったのに、今日、大師のお言葉だけで煩悩の跡形さえなくなりました」

こうして彼は慧能大師の弟子になることを請うたのです。そして「もうこれ以上、法華経を読む必要がなくなりました」と言ったところ、大師は、「法華経に何の罪がある？罪はおまえの心にあるのだ。おまえは今まで法華経に操られていたが、これからはこの法華経を操る人間になれ」とおっしゃいました。

わたしたちは、見ること聞くことに左右され、においや味にも左右され、体の感触や頭の知識にも左右されていて、枯れ葉が秋風に吹き飛ばされるように風まかせでふらふらしています。世間に操られているわけです。

生まれるときは生まれたくて生まれてきたのではなく、韓国語を話したくて話しているのでもなく、ここで生まれて育ったから自然に韓国語を覚えたのであり、親が幼稚園に入れたからそこに通い、小学校に入れたからそこに通い、中学・高校に入れたからそこに通って、皆大学に行かなければと言って死に物狂いで大学へ行こうとします。そのため大学へ行けない人は心に傷を負います。卒業したら就職しなければならないと言い、そして次は結婚しなければと言います。また、他の人が自転車を買ったら自分も買わなきゃ、他人が自動車やマンションを買ったら自分も買わなければと考えて、人生を生きてきました。

自分の必要に応じて行動するというより、周囲の人がするから自分もするというふうに生きることを「世間に操られている」と言うのです。

慧能大師は、世間に操られる者になるな、世間を操る者になれとおっしゃったのです。自分が中心になって、直すべきことは直し、受け容れるべきことは受け容れ、吸収すべきことは吸収するとき、世の中の主人公になるのです。わたしが自分の人生を正しく生きるために、悟るために、お釈迦様の法や世間の教えを活用しなければならないのに、逆に世間の教えや宗教が主人になり、自分はそれにひっぱられて生きるなら、法を操る者ではなく法に操られる者になるということです。

24 修行者に運勢や運命はありません

わたしはある男性と結婚しようと思っていて、母が相性を占ってもらいにいったんです。ところが、二人の相性はとても悪く、結婚したらわたしが死ぬと言われてしまいました。それで母は最初はこの結婚に猛反対だったのですが、最近になってまた別のところで占ってもらったら、相性がすごく良いと言われたそうです。なので両親はちょっと混乱しています。

修行をしていくうえで、自分の誤りを知り心を悔い改めれば、前世の業《ごう》がよく清められるということは、わたしにとって大きな助けになります。ところでスニムは「修行者には運勢や運命はない」とおっしゃいましたが、前世の業や業障《ごっしょう》（正しい道へ向かうのを妨げるような悪い業）が積もって現世に報いとなって現れる場合、わたしから見ればそれも運勢や運命と同じように思えて、その区別がつきません。

業というのは習慣のことをいうのですが、習慣とは無意識にする行為のことです。業は三つに分けることができます。行動の業である「身業」と、言葉の業である「口業《くごう》」、考えの業である「意業」です。

無意識の習慣が業

タバコをたくさん吸う人の血液の中にはニコチンがたくさんあります。その量がある程度減ってきたら、体がニコチンを要求します。それでタバコを吸いたくなるのですが、これが「身業」です。

ところが刑務所に入ったら、タバコが吸えないでしょう? そうして二、三か月ほど過ぎると、タバコを吸うという肉体の習慣が自然になくなります。でも、三年間刑務所で暮らしタバコをやめても、出所した瞬間、愛煙家が一番最初にすることは、タバコを買ってさっと一本くわえることなのです。そうしなかったら刑務所から出た気がしないといいます。こんなときこれは「意業」だと言えます。身業は全部なくなったのですが、依然として習慣が心に残っているためにしてしまう行動です。

また方言を習慣的に使う人や、汚い言葉をよく使う人は、それを意識しているときは直せますが、気分がいいときや悪いときには、それがパッと口から飛び出します。これは口のなせる「口業」です。このような癖を直すのは簡単ではありません。

ある人がやって来て一時間話をしながらタバコを十本吸ったら、「君、きのうもタバコを吸っただろう?」と言えば、たいてい百パーセント当たります。「きのう会ってもいないのに、なぜわかるんだ?」と言われるでしょうが、今していることを見れば、きのうしたことは見なくてもわかるのです。見ようによっては不思議に思いますが、実は一つも不思議ではありません。報いを見れば、つくった因縁を知ることができるからです。また、明日のことも推測することができます。

しかし、今の行動を見て「以前にタバコを吸っただろう?」と言えば、ほとんど百パーセント当たりますが、「明日もタバコを吸うだろう」と言うのは、九十九パーセントしか当たりません。

タバコをやめる可能性は希薄ではあるけれど、それでも〝ある〟からです。過去にしたからといって、未来にも必ずそうなるということではありません。必ずそうなるのなら、わたしたちは人生の主人公になれないでしょう。

修行者は、自分が人生の主人公となって生きる人です。たとえ癖に引きずられていても、そのことを知っているということです。これは報いを快く受け容れることを意味します。その報いが嫌なら、本人がそれを終わらせることもできます。

ですから、つくった因縁の報いを甘んじて受け容れ、その報いが嫌なら、二度とそんな因縁をつくらないようにすればいいのです。

人生の道は自分が選択するもの

運勢が良くないとか、相性が良くないと言うのは、現在の生活に満足していないということです。今に満足していないから、「なぜわたしは不幸せなのか」と思って、運勢が良くないから、相性が悪いからそうなのだ、という話になるのでしょう?

例えば、結婚生活がつらいとしましょう。夫が毎日お酒を飲んで夜遅く帰ってくるので、我慢できないというとき、選択する道はいろいろあります。

こんなふうに暮らすのは本当に嫌だというなら、「さよなら」と言って他の道を行くこともできるし、「生きるというのはこういうものだなあ!」としっかり目覚めて出家し僧侶になる道もあるし、「さぞイライラすることがあるから、それほどまでお酒を飲むのだろう」と思って見守ってあげる道もあります。

道に良い道、悪い道があるのではありません。道は自分の選択にすぎないのです。失敗が大きな教訓をもたらしてくれたなら、それは大きな成功だと言えるでしょう。ところが毎日夫に対して文句を言ったり、けなしたり、我慢できないとわめきたてながらも、「子どものために我慢して暮らさなきゃ」と言ってああでもないこうでもないと迷うのは、欲があるからです。

この欲がすべての不幸の原因であり、すべての災いを自ら招くものであり、業とか運勢とか相性といった問題の根本にあるものなのです。この欲の根を取り除かずに、外に見えている部分だけを取り上げているのでは、いくらああだこうだと言って解決しようとしてもうまくいきません。この欲を捨てなければならないのです。

夫から何かしてもらおうという考えを捨てて、夫を助けてあげようという心をもてば、人生は変わります。お酒を飲む夫の寂しい気持ちを、親が子どもを育てるときのように思いやって、夫がお酒が好きなら酒や肴《さかな》を準備してあげたり、胃がもたれたと言えば消化を促すスープをつくってあげたり、体に良い漢方薬を用意してあげたり、というように世話を焼いてあげれば状況は変わるでしょう。

自分が何かしてもらおうと思うから、悪い運勢だという話が出るのであって、その人を助けようとするとき、運勢が悪いなどということがどこにあるでしょうか? 夫が性的に不能なら結婚しても純潔を守ることができるし、不能ではなくても夫が原因で子どもができないのであれば、性生活を楽しみながら子どもを生まなくてもよいのですから、それもよいでしょう。つまり、考え方によって障がいが長所にもなり短所にもなるのです。

ですから、今までの考え方を変えるというこの目覚めの道においては、運勢や相性といったことは、幼い子どもの夢のような話です。

ところが、皆さんが衆生の業をもって生きていく人生では、運勢も相性もあり、前世も業もあり、報いもあります。

「業や運勢はない」という言葉を使うときは、その〝ない〟という意味を正しく知らねばなりません。今日までタバコをたくさん吸っていても、考えをパッと変えてしまえば、タバコをやめることができます。解脱というのは、まさにこのような境地を言う言葉です。しかし、考えを変えなければ、明日もタバコを吸うでしょう? 変えなければ、明日タバコを吸うことはすでに決まっているのだから、いくら努力してもやめられません。そうなったとき、その人は前世の報いを受けるということなのです。

質問された方は今、結婚して夫に何かしてもらおうと思っているはずです。しかし何かしてもらおうと考えて結婚したら、一生苦労するのです。でも相手を助けるという気持ちで生きていれば、結婚しようがしまいが、何も問題はありません。よく考えてください。この人にしようかあの人にしようか、とお見合いをたくさんするのは、少しでも多くのことをしてくれそうな人を選んでいるんじゃないですか？ ですから、二十人の中から一人を選んで結婚したのに、一番だめな人と結婚してしまったと後悔することになるのです。

業に良い悪いはない

だからもう、結婚しようかどうかといって、運勢や相性を占ってもらうのはやめにして、運勢がそのように出たのなら、それはそうなる可能性の一つだととらえてください。そして「わたしは結婚をあまりにも軽く考えていたなあ」と自分の愚かさを心に刻んで、百日間ほど礼拝しながら、自分を見つめる修行をすればいいでしょう。

そうすれば自分の業を知ることができます。例えば、自分の業が刃物のようなものであれば、刃物を捨てる道もあり、鋭い点を利用してその長所を生かす道もあります。必ず変えるのがいいというわけではありません。

自分の業が鋭敏なのに、それをもったままで綿毛《わたげ》のようにやわらかく生きようとしたら、自分を改めることができず、人生はいつも挫折をきたします。また、鋭敏なことは良いことなのだと言い張っても、人生は苦しくなります。木切れのような夫に、妻が刃物自慢をすれば、夫は死んでしまうでしょう。夫が棒で妻をたたいたら、死ぬのは夫のほうです。

こんなときは、夫に合わせて生きるのは納得できないし、世間の人たちが「夫を取って食う女」などと悪口まで言うので、どんなに悔しく腹が立つでしょう。どこかの僧侶のところへ行って苦しさを訴えたら、「夫に良くしてあげなさい。自分の間違いを直しなさい」と言われ、また腹が立つでしょう。「あなたが間違いを直すべきよ。なぜわたしがそうしなきゃならないの？」

けれども、自分の刃物のような性格のためにそうなるのだとわかって、結婚せずに独りで暮らし、その鋭利で強いところを社会で使えばとても役に立つのです。それでも結婚するつもりなら、頭を下げなければなりません。木の棒でたたかれそうになったら、刃物は先にそれをよけなければいけないのです。そのように頭を下げれば、自分も相手も死なずにすみます。

わたしたちはきのうから、一年前から、自分の前世から、つくられてきた考え方や行動、言葉の習慣がどのようになっているのか、よく知りません。ですから、修行して自分の業を知る必要があります。そうすれば何か間違ったことをしても、他人のせいにしないで、また立ち直ることができるし、自分を直すなり特徴を生かすなりできるでしょう。

自分の業を知るには、心がとても穏やかでなければいけません。自分に起きるすべての感覚や感情に目覚めていなければならないのです。それらに目覚めているとき、自分に優越感や劣等感をもつことなく、ただ自分の業はそうなのだとわかるようになります。業に良い悪いはないのです。

質問された方にとって、今は百日間ほど修行するのが一番重要です。そうでなければ後悔するでしょう。人の話を聞くだけでは、自分を変えることはできません。耳だけが上等になって、かえって病気になるかもしれません。法話を聞いて胸にしっかり刻んだら、その次は自分にとっての課題を知り、それを礼拝しながらくり返し自分の心に刻み、修練会にも行き、真面目に精進しなければなりません。いつも自分の状態に目覚めていなければいけないのです。

そうしなければ境界《きょうがい》（報いとして受ける境遇）に引きずられてしまいます。精進していれば、もし境界に引きずられても、達磨《だるま》のようにすぐに本来の場所に戻ってきます。そうすれば、業の奴隷ではなく業の主人になることができるのです。

25 負けて生きろとおっしゃいますが

「分別心（判断する思考）を起こさず、勝つよりも負けて生きます」という銘心文をいただきました。妹と一緒にテレビを見ていて、娯楽番組と教養番組が同じ時間に重なると、妹とわたしは考えが違うのでけんかになります。けんかしているうちに銘心文を思い出して妹に譲り、意味のない娯楽番組を見るんですが、そんなときはお腹の中が煮えくり返ってしまいます。

銘心文どおりに一度やってみるつもりなら、妹さんに負ければいいのです。妹さんが娯楽番組を見たいと言ったら、心を決めて「じゃ、見ればいいわ」と言うのが「負けて生きます」という銘心文に従うことでしょう？

はい。

そのときそのとき、自分がしたいようにするのは自分の業のとおりにすることだけれど、自分は修行者だから、負けてあげるというわけです。「そう？　じゃ、娯楽番組を見ればいいわ」と言うと、なぜお腹の中が煮えくり返るんですか？

外側ではそうしても、心の奥では前の習慣が残っていますから……。

それは、自分の課題である銘心文がまだ心に刻めていないということです。まだそれができていないことを、自覚しなければなりません。銘心文のとおりに修行するということは、教養番組を見たいと意地を張っていても、銘心文をパッと思い出したら、「あっ、負けてあげるのが今の自分の課題だったな」と反省して「娯楽番組を見たいんでしょう？　じゃ、見ればいいわ」と心を決めることです。

これを修行といい、課題を心に刻むというのであって、自分が見たいものを強く言い張り、あとになって「負けて生きます、負けて生きます」と一人でつぶやくのは修行ではありません。心の底からわき出てこないのに、そのふりだけしているのは、本当の修行とは言えないのです。

妹さんに「娯楽番組を見ればいいわ」と言ったのに、お腹の中が煮えくり返っているのなら、表面だけ、言葉だけでそうしていて、本当に心を決めてはいないのです。つまり修行しているのではないということです。

修行する人は苦しんだりしません。「じゃ、見ればいいわ」と心を決めたら、この問題のせいで苦しむことはないのです。でもそう言ったとき、自分は負けてしまった、と考えたのではありませんか？　自分は負けてしまったという考えには、「自分は勝たなければいけないのに、負けた」という思いがあります。自分が勝たなければいけないのに負けたから、敗北意識が生まれて苦しいのです。

妹と自分は互いに考えが違うだけで、どちらが正しくて、どちらが間違いということではないですよね？　そして、どちらも自分の思いどおりにしたがります。けれども実際、世の中のことは、自分のやりたいように全部やれるわけではありません。やれるときもやれないときもあり、やれたときに感じる気分を「楽」と言い、やれなかったときに感じる気分を「苦」と言って、わたしたちはいつも「苦」と「楽」のあいだを行ったり来たりしています。そして人によってやりたいことが違うため、自分がやりたいことをやれるときもあれば、やれないときもあるのが現実の世界です。やりたいことが全部できると思うのは、錯覚にすぎません。

やりたいことを実現しなければならないと考えたら、「苦」と「楽」がぐるぐるくり返されますが、自分がそう考え要求していただけで、できるときもできないときもあるのだと認めれば、できたできなかったと言って、喜んだり苦しんだりせずにすみます。そのとき、苦楽の輪廻《りんね》から抜け出せるのです。

これからは、自分一人でいるときは自分の見たいものを見て、妹さんと一緒にいるときは、自分はこれが見たいと意見を言い、妹さんが見たいものを見ると言ったら「そうすればいい」と言って、一緒に見るか、見たくなければ他のことをすればいいんです。見ても見なくても、そのことで妹さんを憎んだりストレスを感じたりしないようにしてください。

26 夢だったと思って目覚めなさい

先週四日間続けて悪夢を見ました。最初の日は、裏の家の人が死に、わたしの娘も死ぬ夢を見ました。二日目は、戦争が起きてすべてのものがばらばらに飛び散ってしまう夢を見て、次の日は、何人もの人がわたしを罠《わな》に陥れる夢を見たんです。それらは現実とは全然関係のない夢でした。夢から自由になり、苦しみから抜け出す方法はないでしょうか？

もちろんあります。夢から覚めればいいのです。修行者は夢から覚めたら、「夢か」「なんだ、夢じゃないか」と思うだけです。

わたしたちは感覚器官を通して外のものごとを認識しています。目は色と形を、耳は音を、鼻はにおいを、舌は味を、体は感触を、そして脳すなわち頭は法（概念や直感の対象）

を認識しており、この認識対象を「六境《ろっきょう》」―色《しき》・声《しょう》・香・味・触《そく》・法―といい、認識器官を「六根《ろっこん》」―眼《げん》・耳《に》・鼻・舌《ぜっ》・身・意―といいます。

また、目が色と形を認識することを「眼識《げんしき》」、耳が音を認識することを「耳識《にしき》」、さらに「鼻識」、「舌識」、「身識」、「意識」といい、このような六種類の認識作用を「六識」と呼びます。

このように認識作用が起きるのは、ちょうどテレビで生放送が放映されるようなものであり、また認識されたものは消え去ることなくそのまま脳に貯蔵されます。考えるということは、生放送をビデオに録画しておいて、それを再生したとき、以前にあった状況が生放送のように現れるようなものです。「五蘊《ごうん》」（物質と精神を五つの要素、色・受・想・行・識に分けて示したもの）によって説明すれば、外の認識対象である物質や肉体、すなわち「色」が、六種類の認識器官を通して感受されるものを「受」といい、それを記録して貯蔵し想起することを「想」といいます。

わたしたちが過去を覚えていたり考えたりするのは、皆このように認識・貯蔵・再生する作用があるからなのです。

夢は六識が休んでいるときに起こる想念

このようなものが集まって認識作用の主体である「識」を構成しているのですが、その根底に潜在している識を「阿頼耶識《あらやしき》」「第八識」といいます。第八識に貯蔵されているものを外に再生する作用を「第七識」「末那識《まなしき》」といいます。

わたしたちは阿頼耶識を認識することはできません。なぜなら、第八識は認識の主体だからです。第八識の一部が表面意識に出るとき、この出た識を第七識というのですが、夢はそのように貯蔵されたものから現れた一つの再生現象です。

夢は、過去にあった経験や、未来に起きるだろうと想像すること、つまり「こんなことが起きたらどうしようか?」と心配することがごちゃごちゃになって現れる現象です。脳には目で見たことだけでなく、何かを考えて心配したことも皆、貯蔵され記憶されています。だから夢はめちゃくちゃなのです。六識が作用するとき、つまり起きているときに起こる各種の想念を「思考」といい、六識が休んでいるとき、つまり眠っているときに起こる想念を「夢」といいます。

想念・妄想・夢

例をあげてお話すれば、わたしがこのような法話の中で〝夫〟に関する話をすれば、皆さんは〝夫〟から恋愛や恋人のことを連想し、昔、畑で恋人と一緒に楽しくおしゃべりしたこと、そのときそばにいた子犬のことまで思い出します。法話を聞いているのですが、思考は次から次へと動くのです。では、それを言葉や行動で表現すればどうなるでしょうか？　ごちゃごちゃになりますね。そんなことをしたら精神異常だと思われるでしょう。

〝精神病者〟というのは、自分の想念として起きたことを、現実として認識する人のことです。狂った人というのは、夢の中にいる人と同じようなものです。だから、それを全部言葉にして言ってしまいます。しばらく夫の話をしたかと思うと、急に恋人の話をし、子犬の話をしたらすぐにタバコの話をするというように、精神病者は想念の統制ができません。

ところが、その人の想念や潜在意識の中へ一緒に入っていくと、そこには異常は一つもありません。今ここに坐っている皆さんも、実は皆そんな症状があるのです。今、わたしが話しているあいだも、こちらを見て話を聞いているようでも、思考は完全に他のところに行っている人がたくさんいます。けれど六識が作用している限り、それが外に現れることはありません。外から六根を通して入ってくる認識作用を止めれば、その考えが外に出るのです。それが夢です。たとえて言えば、ビデオテープに録画したものを再放送するのが夢で、生放送中に再放送の映像が重なって出てきたら、それを妄想《もうぞう》(みだりな想念)だと言うのです。

瞑想するために坐って目を閉じていれば、初めは精神が集中して静かです。しばらくすると、いろんな思考が頭をよぎっていくでしょう? それはほとんど夢と同じ状態です。ところが目を開けているときには、妄想があるかどうかよくわかりません。四六時中妄想は起きているのですが、この現実の意識作用のほうがあまりにも鮮明なので、その妄念はきちんと認識されないのです。

けれども生放送をパッと止めれば、録画ビデオの映像がはっきり見えるように、あるいは明かりをつけているとよく見えなかったものが、明かりを消したらかえってはっきり見えるように、目を閉じれば妄想がより鮮明に見えて、眠っているときには夢が現実のように感じられます。ですから、夢は過去に経験したことの再現であるだけでなく、未来に対する懸念も現れているものなのです。

悪夢を見るのは心配が多いということ

それなら夢をどのように受け取ればいいのでしょうか？　夢を分析すれば自分の過去の経験や潜在意識を知ることができ、夢を通して今どんな心配をしているのか、そして未来に対してどんな不安をもっているのかを知ることができます。

頭の中でそのようなことをずっと考えているから、夢にしょっちゅう出てくるのです。だから「正夢だった」などということが言われるのです。心配していることが夢に現れ、その心配が現実になったら、夢と現実が一致したため、夢がピタッと当たったと考えるわけです。

いつも悪夢を見るというのは心配が多いということです。その心配が想念として固まって夢に現れるのです。また、特に心配が多くなくても、体に異常があったら夢に反映されます。食べたものが胃にもたれたり、精神的にとても緊張したりしたとき、よく悪夢を見ます。

精神的に緊張すれば、胃がきちんと活動できずもたれるのです。うなされるような夢とか、鉄棒にお腹を当てて後ろから誰かに何度も押される夢とか、小さな穴の中へ何回も這《は》って入る夢だとか、糸がやたらにもつれる夢などの悪夢を見るのです。一度だけではなく、幼いときから見てきた夢を何度もくり返し見ることもあります。

そんな悪夢を見たときは、起きて一度深呼吸をし、もたれた胃に手を当ててさすればいいでしょう。体に何の異常もないのに悪夢を見たら、「わたしは心配が多いんだなあ」と考えるべきで、夢が当たっているかどうか、それればかりにこだわってしまうと、まるで麻薬中毒のようにはまってしまいます。夢が本当になるかどうか確かめたりして、いつも気にしているから、その夢にいつも引っ張りまわされるのです。

ああ、夢だったんだ

夢というのは、目が覚めれば空虚なものです。だから目を開けたら「なんだ、現実じゃなかったんだ」と思って、さっと離れてしまわなければなりません。

修行者は夢を分析して解説したりせず、夢から覚めたらすぐに「夢だったのか」つまり「現実じゃなかったんだ」として、しばしのあいだでも空虚なものにとらわれたことを反省し、気をしっかりもち直さなければなりません。夢についてああだこうだと言うことは、まだ夢からすっかり覚めていないのと同じことです。

わたしたちは眠っていないときでも、雑念の中に陥ってしまうことがあり、それはまるで夢の中で迷っているのと同じです。つまり、わたしたち衆生は起きているときでも夢の中で迷っているようなものなので、まして本当の夢の中で気をしっかりもつのはたやすいことではありませんが、精進しようとする人は夢を見たとき、それが夢だと早く自覚しなければいけません。深く観察する練習を少しすれば、そのようにすることができます。

悪夢に苦しめられたあとで「これは夢だ」と気づいたら、怖がったり逃げたり息苦しくなったりするより、いち早く目を開けるように努力するのです。

目を開けようとしても、なかなか目は覚めないものです。けれど目をパッと開けてみれば、実は皆夢だったとわかります。ですから、夢の中でも気をしっかりもつことが修行なのです。修行者は夢から覚めたら「ああ、夢だったんだ！」としか思いません。

27 なぜ悪いことが次々起こるのでしょう

わたしの甥《おい》が、あとひと月で兵役を終えるというとき、突然、原因不明の半身不随になり病気除隊したんです。そのときは、甥のことですから、かわいそうだとは思っても、それほど強く気にはしませんでした。

ところが一か月前、急にわたしが網膜剥離《はくり》になって手術を受けたのです。家でじっとしているあいだに考えてみたんですが、何か間違いがあってこんな不可解なことが次々と家の中に起こるんじゃないか、と思いました。

それで、『金剛経』を読まなくてはと思い、今読んでいます。

『金剛経』をそのように読んではいけません。それを読めば、いつでも良いことが起きるのではなく、悟ることができるのです。『金剛経』を読んで「心が認識する形はすべて実体のないものだ」と思った瞬間、「ああ、自分を苦しめるものは他にあるのではなく、わたしの心から起こっているのだなあ」と悟るべきです。このように読めば、病気が癒《い》えるでしょう。『金剛経』を読むと道理を悟るので、苦しみはすべて消えるのです。

目の病気になったら、ただ「目の病気になったなあ」とだけ思えばいいんです。しかしわたしたちは「たぶん前世で悪いものを見たせいだ」と考えます。また、憎たらしい人に出会うと、「わたしは前世で何か罪を犯したせいで、こんな人に出会ったんだ」といつも考えます。これは皆、責任転嫁です。「こんな人に出会ったのは、前世で罪を犯したからだ」と前世のせいにしてはいけません。因縁のせいで悪い人に出会ったのではなく、〝悪い人〟と思うことが間違っているのです。その人は何も悪くありません。

でも、わたしたちの目にはそう見えてしまいます。目は信じるに足りません。耳も信じるに足りません。眼《げん》・耳《に》・鼻・舌《ぜっ》・身・意、色《しき》・声《しょう》・香・味・触《そく》・法、これらのためにすべての煩悩が生まれるのではないですか？　目に見えるもの、耳に聞こえるものが真実だと思ってはいけません。わたしの目にはそのように見えて、わたしの耳にはそのように聞こえるだけであって、それは事実ではないのです。

甥が病気になり、寝たきりになってかわいそうだと言ったでしょう？　憎むこともかわいそうに思うことも、そうすること自体がどちらも病気なのです。どちらも、わたしが見てかわいそうなのであり、わたしが見て憎いのです。そして、かわいそうだからと涙を流しても苦しいのは自分であり、人を憎んでも苦しいのは自分です。それはわたしの病気だからです。報いが自分に落ちてくるのです。

だから自分の心の病気を治すべきです。一切の苦しみはすべて自分の心から起きているということです。心の病気を治せば、ものごとは、ただあるがままであるだけです。あらゆる現象は皆空《くう》だということです。ならば誰を憎んで、何を理由に悲しむんですか？ですから、『金剛経』をきちんと読んで、悟りを得なければなりません。

皆さんはゆっくり歩きながら、「スニム、もう少し早く歩く方法はありませんか？」と聞きます。そのように聞くのは、早く行きたいと思うからでしょう？

「早く行きたいんですか？」

「はい」

「それなら自転車に乗って行きなさい」

「自転車はどうやって乗るんですか？」

「自転車はペダルを早く踏んだら早く進みます。そして右側に倒れそうになったら右にハンドルを切り、左側に倒れそうになったら左にさっとハンドルを切らないといけません」

「わかりました」

それで、その人は自転車に乗りました。早く行きたかったからです。自転車に乗って、右に倒れそうになったらハンドルを左にさっと切りました。倒れそうになったらどうしろと教えましたか？ 右に倒れそうになったら右に切って、左に倒れそうになったら左に切れと教えたでしょう？ しかし、百人中百人が、左に倒れそうになったら右に切り、右に倒れそうになったら左に切るのです。だからばたっと倒れてしまいます。すると「くそっ、自転車め、なんでこうなるんだ」と言いながら、足で自転車を蹴ります。そうでなければ「他の人はみんな乗れるのに、なぜ自分だけできないんだ？」と考えます。これは両方とも病気です。

「他の男性たちは皆良いのに、わたしの相手だけだめな男なんです」と言うのは、自転車のせいにすることだし、「わたしはどうしてこうもだめなのでしょうか、わたしは修行からは程遠いようです」と言うのは、自分のせいにすることです。

ですから、わたしが自転車に乗れるようにしてあげるのではないのです。わたしはどうやって乗るかを教えてあげるだけです。実際に自転車に初めて乗ったらどうですか？ うまく乗れません。それは当然です。わたしの法話を聞いて帰って試してみても、法話のようにできないのが現実です。それなら、どうするべきでしょうか？　法話が間違っているんじゃありません。倒れたら、起き上がって乗らないとだめでしょう。倒れたら、起きてまた乗ってください。また倒れたら、また起きて乗ってください。

左に倒れたら左にハンドルを切れと言われたのに、また今日も右に切ってしまったら、「ああ、左に切れと言われたのに、知らず知らずまた右に切ってしまったな。よし、もう一度やってみよう」と起き上がって再び乗り、また右に切ってしまったら、「ああ、左に切らなきゃいけないのに、また右に切ってしまったなあ」と反省してください。

このように三回、四回、五回、十回とやっていたら、いつか左に切るようになります。「ああ、これでいい」とうれしくなります。でも、次はまた倒れます。それで五回倒れ、十回倒れ、二十回倒れるんですが、倒れるということは成功に向かっているのです。失敗に向かっているんじゃないんです。

ですから皆さんは、礼拝しながら自分の課題を心に刻むという修行をひと月し、百日し、およそ三年しつづけても、いまだに分別心が起きて、腹も立てるし、イライラもするし、悲しみもするでしょうが、昔と比べればどうでしょうか？　昔は一日に十回腹を立てていたのが二、三回になり、昔は一度怒ったら三日間口をきかなかったのに、このごろは何時間かしたら元に戻るでしょう。それは、まだ自転車に乗っても倒れるけれど、前は乗ったらその場で倒れていたのに、今は一日に一、二回しか倒れないということです。いつも乗っていたら、このように自分が変わっていきます。

だから「わたしはいつもだめだ」と嘆いていてはいけません。だめならまた、ただやればいいのです。カッと腹を立てたら「ああ、また腹を立てたなあ」と思い、分別心が起きたら「ああ、また分別心だな。やり直そう」と反省しながら進めばいいのです。

その目の手術で、何がそんなに一大事だと泣いているのですか? この前、網膜の手術をしたのなら、今日はものごとがきちんと見える手術をしてください。病院へ行って網膜の手術をしたように、今日はお寺で間違った考えを正す手術をしてください。心の目の手術を今日もう一度きちんとしたのだと考えてください。皆さん、この方のために、さあ拍手をしてあげましょう。

このような良い問題提起をしてくださらなきゃいけないのに、皆さんは恥ずかしいからといって、ぐっと胸にしまって黙っていますね。顔を見ると、どなたも病気を握っているのに、それを見せずぐっとつかんだままです。つかんでいるものを離して、この方のようっておいたら、カビが生えるでしょう？　取り出して乾かすのと同じで、こんなふうに吐き出して話さないといけません。

にお互いに共有しなければいけません。湿ったものを風呂敷に包んで、たんすの中にしま

28「お釈迦様を真似します」とは

五年前に「お釈迦様を真似します」という銘心文をいただきました。当時は難しいことではないだろうと思ったのですが、会社員として生活していると、問題が起きるようになりました。初めは、いつも他の人びとによく尽くして生きていこうと考えていたのですが、この頃はそうしていると、自分がいつも人からねだられてばかりで損しているような気がして、そんな生き方は何か違うように思います。そんなわけで、だんだんとこの銘心文の意味は何なのだろう、と気になってきました。

「お釈迦様を真似します」という銘心文をもらったのなら、お釈迦様がどんな方なのかよく知る必要がありますね？　他の人に尽くしていると、ねだられてばかりで損をしているような気がする、とおっしゃいましたが、持っているものが何もなければ、何もねだられることはありません。他人が自分を見てねだるということは、何かあげるものがあるということです。世俗の生活をしていても、他人を助けられるお金持ちのほうがいいでしょう？　他人から助けてもらう貧しい人のほうがいいですか？

でも、わたし自身はそんなに豊かだとは思いません。だからよけいに大変で……。

マイクロソフト社の社長に、あなたは豊かかと一度聞いてみてください。まだまだ豊かさからは程遠いと考えているでしょう。わたしの父は八十四歳ですが、老人の集まる場所に行けば九十歳を超える人たちがたくさんいるので、そこでは年下の自分が細かい雑用をしなきゃならないのだと言っています。一人でいたときは意欲もなかったのに、最近その老人の集まる場所に行くようになって、ぐっと意欲が出てきて、とても元気になりました。そこで九十四、五歳になる老人たちを目にして、自分もあと十年は生きようと思ったらしく、人生の計画がいろいろ生まれ、このごろはそのために忙しくしています。

皆、自分の考え次第なんです。「お釈迦様を真似します」という銘心文をもらったら、他のことは全部あと回しにしてでも、お釈迦様がどんな方なのか考えてみるべきです。どのように生きられて、人生についてどのように話されたか勉強しなければいけません。そしてお釈迦様の教えをすべて実践することはできなくとも、そのうちいくつかはしなければいけない、と決心することが順序ではないでしょうか?

お釈迦様は本当に何も持たずに生きられました。ですから、お釈迦様のところに来て何かをねだる人は誰もいませんでした。だから皆さんの中には、「お釈迦様は一生のあいだに慈善事業した例がないじゃないですか。でも仏教は慈善事業をするんじゃないんですか?」と考え、尋ねてくる人がいます。しかし、お釈迦様は何も持っていなかったので、「ください」と頼む人が誰もいなかっただけで、もし何か持っていたとして、誰かがやって来て「ください」と言ったら、お釈迦様はあげなかったでしょうか?

皆さんが他の人から十億円を借りて事業をしたのに失敗して全部失ってしまい、パンツ一枚になって坐っていたら、罪にはなりません。しかし、自分のものは少し隠してとっておいて、借金を返さなかったら問題でしょう。

自分のお金を返してもらえず「あいつ、殺してやる」といきり立って夢中で追いかけ、相手を見つけるなり思わず何発か横っ面をひっぱたいてしまった人でさえ、食べるものも寝場所もなく、腹をすかせて歯をガチガチ震わせ、木の下で凍えそうになっている相手を見たら、ラーメンの一杯ぐらいおごって立ち去るでしょう。

本人が何も持っていなかったら、人にあげなくてもいいのです。お釈迦様は何も持っておられなかったのですが、今質問された方はたくさん持っています。ですから、お釈迦様をそっくり真似できなくても、「持っているものの中から少しは分けてあげなければ」と思えば、お釈迦様の一万分の一は真似できるんじゃないかということです。

食べるものも、お釈迦様は人の家でもらって食べたのですが、わたしたちはどこへ行ってもそれより良いものを食べられるし、少し減らして食べてもお釈迦様よりはずっとよく食べているわけじゃないですか。寝る場所も、お釈迦様が寝ていたところよりずっと良いでしょう。他人を思いやる心にしてもそうです。誰かがお釈迦様をののしって侮辱しようとしたとき、お釈迦様がその人にどんな態度をとられたか、それをひとつひとつ考えてみて「わたしはお釈迦様のすべては真似できないけれど、その十分の一でもやってみなければ」と思えば、どう生きるべきか、自分の生き方の基準をつくることができるでしょう。

初めはそう考えて行動しようとしたのですが、そうすればするほど疑問がわいてきて、「自分の分もある程度とっておかなければ」と思ってしまうんです。

そう思うのなら、そうすればいいでしょう。それでは質問になりません。でも、自分の分をとっておいたらどうなりますか？「お釈迦様の真似をします」という言葉は何を意味しているんでしょうか？　自分の分をとっておくよりお釈迦様の真似をするほうが、自分の人生に有益だからそんな銘心文をもらったんじゃないかと考えてみてください。

けれど、自分の分をとっておこうとすれば、まわりの人びとといつももめてしまいます。気も遣わなければいけないんです。

誰でも皆、お金やものへの欲はもっているし、自分の分をとっておこうとすれば、もめるのは当然でしょう。とっておきたいのなら、そのくらいのもめごとは覚悟すべきじゃないですか？　それとも、もめるのが嫌だということですか？

そうじゃないんです。以前は自分が人に何かをしてあげれば、相手もまわりの人にしてあげるだろうと思っていたのですが、会社に入ってみるとそうでないことがわかり

ました。わたしが何かあげた人たちは、自分のものは全部とっておいてさらにほしいと要求するし、他人には必要最低限のことしかしないし……。それなら、わたし自身もそのようにしなければ、会社の中で耐えられないんです。それでわたしも、自分をなだめるためには、ある程度自分の分をとっておくのはしかたがないことだ、と思ったりします。

自分の分をとっておこうとしたら、会社で苦しむはずです。自分の分をとっておこうと考えないことの何が難しいんですか? もう少し具体的に話してください。

とっておかなければ、悔しい気持ちになるんです。

お釈迦様は人からご飯をもらって食べるとき、「わたしは王子なのに、ご飯を人に恵んでもらって生きていていいのか。着るものも恵んでもらっていいのか。王子だったわたしが裸足でいて、木の下で眠っていいのか」というようには考えませんでした。「悔しい」という考え自体が、お釈迦様を真似することから外れています。悔しい気持ちになるというのは、まだ無理にしているということです。

「お釈迦様を真似します」と心を決めたということは、何を意味するのでしょうか。友だち同士の利害関係で少し損をしたように感じるときは、多少の悔しさのようなものが起こるものです。そんなとき、お釈迦様のように生きるということは、「ああ、お釈迦様は百パーセント全部人に与えられたけれど、あの友だちは九割はわたしに残して一割だけ持っていったなあ」と考えを転換することを意味します。

世の中の人はどんなにたちが悪くても、人のものを全部持っていく人はいません。自分が友だちにお酒を十回おごったのに、相手が三回しかおごらなかったら、自分は損しているというわけですよね。しかし、この銘心文を思い出せば、自分の中にあった友だちへの悔しさは消えてしまうでしょう?

例えば、わたしは別に何も間違ったことをしていないはずなのに、友だちがわたしをののしったとしましょう。その場合でも「お釈迦様のように生きよう」と銘心文のとおりに心がけるなら、「お釈迦様に何か悔しいできごとがあったときのことを考えれば、こんなことは別に悔しがるほどのことじゃないなあ」と、こうなります。

お釈迦様の言葉をひとつひとつ考えてみれば、損をしたとか、悔しいとか、腹が立つという気持ちは、そのたびに「お釈迦様を真似します」という銘心文を思い出した瞬間、消えてしまうんじゃないですか？　そうだとしたら、銘心文は誰を解脱させてくれるものでしょう？　なぜ銘心文のせいで損をすると考えるんです？

本当に正しい銘心文だと思えるのは、ごくまれなんです。

自分の考えに合わない、本当に自分とは合わないと思えるとき、それは本物の銘心文です。あらゆる苦しみは、当然で常識だと思っている考えから起こります。ですから銘心文はその常識を超越するものなんです。銘心文をもらったら、たいていの人がこう言います。

「この銘心文は、他の人のじゃないですか？」

「わたしにはそぐわないような気がするんですが」

それは自分の考えどおりに生きたい、ということです。自分の考えどおりに生きたいのなら、銘心文は必要ありません。自分の考えに固執することを捨てるのが修行であり、我執を捨てれば、心は穏やかになり安らかになります。ですから、ただ銘心文のとおりに自分を省み、悔い改めて精進してください。

29 自ら深く研究するには

自分自身をよく知る方法についての質問に対して「自ら深く研究しなさい」とおっしゃいましたが、どうすればうまくいくのか教えてください。

自分を研究するのに〝どのように〟という決まった方法はありません。方法論にこだわること自体が、自分の思い込みを捨てようとしない態度です。悟りに向かうのに何よりも一番最初に必要なのは、自分の考えを手放すことです。〝どのように〟ということを考えずに、ただ一度やってみてください。

「スニムがおっしゃるとおりにします」という言葉を肝に銘じて一度やってみましょう。「掃除しなさい」と言われれば掃除して、「行きなさい」と言われれば行き、「来なさい」と言われれば来るということを、直接してみることです。スニムがしなさいと言うとおりにできないなら、それは自分が意地を張っているということです。自分が意地を張る限り、悟りの道に立つことはできません。そう思って自分が意地を張りそうになるたびに、それを手放すということを十日間積み重ねてやってみれば、すぐに自分の癖が直って自分をきちんと知ることができます。

しかしスニムの言葉に外側だけ従っても、内側では「なぜわたしが行かなければいけないんだ？　なぜ来なければならないんだ？　なんだ、自分は指図だけしてわたしばかり働かせて……」こんな考えでいっぱいだったら、その人は三十年寺で暮らしても悟りとは程遠い生活をするでしょう。

修行は自分の考えを手放すことが一番重要で、そのためには考えるより先に行動しなければなりません。まずやってみてから評価をするのです。そうしなければ、自分の思い込みから抜け出すことは難しいのです。〝頭で理解して目標に到達する〟というのは、自分の思い込みの範囲内で動いているということです。しかし、自分が理解できない問題を携えながら歩み出てこそ、初めて自分の思い込みが崩れます。

仏教の〝公案〟というのは、頭で理解できるようなものではありません。理解ができないから〝公案〟になるのです。とうてい理解できず、ぐっと詰まってしまって、どうにかしてこれを解決しなければ、と不断の努力をしたとき、自分の思い込みの壁が崩れるのです。理解を超えた世界を知りたいと言いながら、いつも頭で理解しようとしていてはだめです。

〝わたし〟とは何か？　これを知るために絶えず掘り下げていかなければいけません。名前が〝わたし〟なのか？　性格が〝わたし〟なのか？　いったい何が〝わたし〟なのかを真剣に探さねばなりません。

〝わたし〟というものがあるのなら、それは変わらないものだから、不変のものを探さなければいけません。名前が〝わたし〟ではないようだし、それなら性格が〝わたし〟だろうか？　でも性格は変わります。いざ真剣に問いはじめれば、だんだん煮詰まってわからなくなります。とうていわからない真っ暗な状態で「百尺竿頭《ひゃくしゃくかんとう》一歩を進む」（極点まで到達してさらに一歩を進める）という状態になったそのとき、障壁を飛び越えているのです。

例えば、タバコへの執着について法話をどんなに聞いてよく理解したとしても、愛煙家はタバコをうまくやめられません。そんなとき、タバコをうまくやめられないという、その考えをただ手放してしまえば、実際、簡単に問題を解決することができます。タバコを吸うには時間もかかるし労力がいりますが、タバコをやめるには実際、何の労力もいりません。誰かを愛するときには大きなエネルギーがいりますが、別れるときはただ別れればいいのです。

熱いものを自分で持とうとするときは、熱いのを我慢し、布巾を持ってきて当てるとか工夫しなければなりません。けれど、その熱いものを下に置くときは、労力は必要ないということです。時間もかかりません。「ああ、熱かった！」と言えば終わりです。

ところがふつうは、「熱いから下に置きたいのに置けない」と言って、「どうしたら置けるのか？」と聞くのですから、これはどういう意味でしょうか？　つまりこれは、それを下に置きたくないということです。下に置かなければ、当然手をやけどするでしょう。そうしたら、やけどという報いを受ければいいのです。持っていたかったら手をやけどし、熱ければ下に置けばいいのです。

そして置くときにはどんな方法も必要ではなく、ただ置けばいいのです。やけどはしたくないけれど持っていたいから、どんな持ち方をすればいいのかという問題が出てくるのですが、修行者はこの〝やけどをしたくない〟という自分の心をパッを見抜いて、一瞬のうちに熱いものを手放せなければいけません。自分の心を見抜いてそれを手放せばいいのに、そうすることを知らず、いつも他の方法を探して「修行はつらい」と言います。修行はつらいものではありません。つらいところから抜け出すことを修行と言います。修行はただするものであり、ただ手放してしまうことです。

夫ともめごとがあるときは、それをどうやって解決しますか？　簡単です。自分の考えを通したかったら「さよなら」と言って終わりにすればいいし、一緒にいたければ「ええ、あなたの言うことが正しいわね」と言えばいいのです。

自分の意見も通しながら一緒に暮らす道を探すなら、それは死ぬまでずっとけんかしながら暮らすことになるでしょう。そうしたら〝ごたごたともめるのが人生〟ということを受け容れればいいのです。〝人生はごたごたもめてはいけない〟という考えを捨てればいいのです。そのようにさっと受け容れれば、ごたごたしたとしても、それが苦しみにはなりません。「文句も言ったり言われたりして、腹を立て互いにイライラもするが、人生とはそんなものだ、それがふつうだ」このように考えれば何の問題もありません。

わたしたちは、自分の内側の矛盾のせいで苦しんでいるのにそのことを知らず、いつも外側のどこか他のところに問題があると考えるから、解決が難しいのです。これをしっかり心得れば、人生の苦しみなど何でもありません。

30 自分自身を見失っている気がします

わたしはお釈迦様の教えに初めて出会ったとき、うれしくもあり苦しくもありました。なぜなら、自分自身の非常に細かいところまで見えるからです。以前は何気なく見過ごしていた心の動きや行動、そして他の人に対するすべての態度に細かく気づくので、自分がより詳しく見えてうれしくもあったのですが、少し大変なこともありました。それで思い立って浄土会で今活動をしているんですが、このごろ時々、自分自身を見失っているような気がします。

困っている人、苦しんでいる人への助けになりたいと思って活動を始めたのに、活動していると、いつのまにか自分を主張して意地を張っている姿を発見します。そんな自分の姿を見て「わたしはかえって活動の邪魔になっているんじゃないだろうか?」という気持ちになるんです。

こだわりのない自由な人間になって、よく働くには、どんな勉強をすればいいのでしょうか？　個人的に必要な修行があれば具体的に教えてください。

二つ質問があると思います。初めの質問では、自分自身が細かく見えてきて時々大変だとおっしゃいました。自分を細かく観察するのが、なぜ大変なんですか？

意識の底にあるわたし自身の至らない姿、利己的な姿、他人を傷つける姿などが見えるからです。

わたしたちは自分を細かく観察することで「わたしの意識の底はこんな状態なんだなあ」とわかります。〝自分が考えてきた自分〟と〝実際に話をしたり行動したりする自分〟に、どれほど多くの差があるかを発見します。それを通して「ああ、だからわたしはあんな誤解を買ったんだなあ」「ああ、だからうまくやったと思ったのに、悪く言われたんだなあ」と気づくのです。

わたしたちは、ものごとをあるがままに見ることができません。あなたが知っている夫や子ども、それに友だちは、あなたの目で見て、あなたの耳で聞き、あなたの鼻でにおいを嗅いで、あなたの手で触って、それらの感覚を総合して頭で想像したものです。それは人の実際の姿ではなく、あなたの業識《ごっしき》(心の習慣的な傾向)を通して描いたイメージなのです。ところが、わたしたちは自分が描いたイメージを実際の姿だと錯覚しています。自分の業識によって歪曲された姿を、実際の姿だと考えるのです。

自分がどうでもいいことにこだわっている、と考える人はどこにもいません。皆自分の立場ではそれが正しいと考えるから、正しいと言うのです。自分が知っていることは客観的な事実だと思っています。自分が色眼鏡をかけていることを、自分ではよく知りません。

一度でも眼鏡を外したことがある人は、「ああ、眼鏡の色のせいで色が違って見えていたんだなあ」とわかります。たとえ赤く見えても「ああ、あれは赤くないかもしれない。もしかしたら眼鏡の色のせいで赤く見えるんじゃないか?」「わたしの業識のせいで、観念のせいで、あんなふうに見えるのかもしれない」と考えることができます。そう思えるだけでも、そんなに意地を張らなくなります。

実際の姿と自分が知っている姿は違います。「夫はこんな人じゃなければいけない」と考えているのに、それが現実の夫とあまりにも距離があると、夫に対して失望や憎しみを覚えます。その差が大きければ大きいほど、受け容れられません。「なんでこうなの」という思いでイライラし、相手が憎らしくなります。嫌でも夫婦なのですぐ別れられないし、親子だから別れられなくて、より一層苦しくなります。

自分自身に対しても同じです。〝実際の自分〟と〝自分が考えている自分〟は違います。この差が大きければ大きいほど、自分が嫌になります。「自分で見ても自分の姿はこんなにつまらないのに、他人が見たらどうだろう?」という思いで、恥ずかしくて人前に出るのが怖くなります。それで人に会わずに、いつも独りでひきこもってしまいます。そして、この状態がもう少しひどくなれば自分を憎み、もっとひどくなれば死んでしまいたくなります。自殺衝動を感じるということです。

今、わたしたちは〝自分が描いた自分〟〝自分が描いた夫〟〝自分が描いた両親〟を実際の姿だと錯覚して生きています。そうしたイメージを捨てて〝あるがままの自分〟〝あるがままの他人〟を見なければいけません。それが実相を見るということです。それを基にして自分自身を許して受け容れ、他の人を許して受け容れなければいけません。

自分を知るのが恥ずかしいとか、大変だとか言うのは、まだ虚像にとらわれているからです。その虚像への未練を捨てられないということでしょう。あるがままの姿に目を向けず、虚像に執着しているのです。

現在ある、そのままのわたしの姿、こんなにも偉そうにしている、こんなにもイライラしている姿が、まさに自分の姿だということを受け容れなければいけません。それさえも許すべきなのです。それを認めて、それさえも愛することができなければ、本当の解脱の道へ行くことはできません。

善いことをしているのになぜ苦しいのか

次の質問は「善いことをしようと思い立ってしているのに、我を張ってしまう。これをどうすればいいでしょう?」という質問だと思います。

例をあげて見てみましょう。お寺に法話だけを聞きに来ているときは、別に問題がなかったのですが、自分も何かしなければという思いで布教部に入りました。一生懸命、お釈迦様の教えを伝えようと決めて、ふだん電話もしない友だちに「良い法話があるから聞きに来て」と電話しました。ところが、友だちは行くと言っておいて来ないのです。門の前で三十分も待ったのに、約束を破って来ませんでした。「なぜ来なかったの」と聞くと、「次はきっと行くよ」と言って、また来ません。そうしたら腹が立つでしょう。布教するのが難しく嫌になります。

それで他の奉仕をしようと考えを変えて、「法堂の掃除をしっかりしよう。座布団もちゃんと整頓しよう」と決心して働いてみたのですが、人びとが来ると座布団を使ったあとも散らかしたままだし、上に積むときもめちゃくちゃに載せるので腹が立ちます。苦しみを和らげようとお寺に来たのに、逆に苦しみがもっと生まれました。初めはお寺に来る人たちが皆良い人に見えたのに、そこで働きはじめたら「座布団もきちんと片付けないで、ご飯だけ食べて皿も洗わず帰ってしまう……」と思って顔も見たくなくなります。

なぜこんなことになるのでしょうか？　それは執着するからです。すべての苦しみは執着から生まれます。座布団をきちんと片付けるのはわたしのする仕事で、散らかすのはその人の問題です。友だちに法話を聞きに来なさいと言うのはわたしのする仕事で、来る来ないはその人の自由です。わたしが正しいと考えることはわたしの考えにすぎず、他の人も必ずそうじゃなければいけないなんて言えません。そのように言うのは、他人の人生に干渉することです。

浄土会には「仕事と修行の統一」という言葉がありますが、仕事をしたら執着してしまい、執着したら修行ができないと言う人がいます。何もしなければ心を観察するのがたやすいのに、仕事をしたらそれに執着するので心の観察がうまくいかないと言うのです。しかし、実はそうではありません。よく仕事をしようと思えば、苦しくなってはいけないし、苦しまないためには執着してはいけないのです。執着しなければ、ものごとをあるがままに見ることができて、うまくいく道をより早く見つけられます。ですから、仕事をすると修行ができなくなるのではなく、かえって仕事をすることで修行の本質に早く気づくことができます。

〝善いこと〟をしているのに、どうして苦しいのでしょうか? それは執着しているからです。〝善いこと〟という名分を掲げて他人に強要し、それに従わない他人を憎く思うために苦しみが生まれます。それが善いことなら、自分からやりはじめて、誰かが尋ねたら教えてあげればいいのです。自分と同じようにするかどうかは、その人の人生です。それを認めるべきなのに、わたしたちはそこでよく誤りを犯します。自分の子どもや夫のことであれば、特にそうです。

自分の人生だけが大事なのではなく、他人の人生も大事だし、自分の考えだけが大切なのではなく、他人の考えも大切です。〝善いこと〟はわたしにとって〝善いこと〟なのです。それは自分が一生懸命すればいいことです。他人までそれをするべきだ、と意地を張ったら、もめごとも起こるし、苦しくなります。

それなら、他の人もそれをすればいいと考えるのは悪いことでしょうか？ それは違います。他の人もそうすればいいと思うなら、勧めることはできます。しかし、人びとはそう簡単に言うことを聞きません。わたしも、他人に言われるまま簡単に従う人間ではないので、それはとても当然なことだと思います。それなら、どうすれば人びとはこの仕事を一緒にするのか研究しなければなりません。研究すれば方法が発見できるし、そのために苦しむことはないのです。

修行文

すべての苦しみと束縛は
よく見てみれば、皆自分の心が引き起こしている。
しかし愚かな人たちは
この苦しみや束縛が外から来るものと錯覚して
この宗教あの宗教、この寺あの寺、この人あの人、と探し歩いて
幸せと自由を求めるが、いつまでも終わりがない。
安心立命の道は外を探しても、決して得ることはできないからだ。

いつどこで起きたどんな苦しみであろうと
内側をよく見てみれば
そのすべての苦しみの根が皆心の中にあり
その心の実相が本来、空《くう》であることを知れば
すべての苦しみは自然に消え去る。
けれども人びとは、自分の引き起こした考えにとらわれて
正しい、間違っている、と形をつけ
その形に執着し、すべての苦しみを自らつくっている。
自分の考えを振り返り、このとらわれから抜け出せば
すべての苦しみと束縛はすぐに消え去る。

訳者あとがき

法輪《ポンニュン》さんに初めてお会いしたのは、二〇〇四年十月、大阪・一心寺で開かれた講演集会「今、平和を考える」のときでした。

その数年前まで韓国に滞在していたわたしは、法輪さんの来日講演があることを知り、法輪さんの出家のきっかけとなった恩師との問答(巻末の付録にも収録)を読んで、とても魅かれるものを感じました。その頃わたしは、思うようにいかない子育てに悩み、家事に追われる生活を嘆き、いつも「忙しい」を連発して暮らしていました。「試験勉強で忙しい」と言った若き日の法輪さんに、恩師が問いかけた「どこから来てどこへ行くかも知らないのにどうして忙しいのか?」という言葉が、そのまま自分にもはねかえってきたのです。こんな問いかけを機に出家した方なら、ぜひ直接お会いしてみたいと思いました。

その日、講演前の控え室で法輪さんは、わたしが韓国語が読めることを知ると、かばんの中から一冊の著書を取り出して、「これを読んで気に入って、呼んでくれれば、また話をしに来ますよ」とおっしゃいました。「はい、連絡いたします」と答えると、「ハハハ、まず中味を見てからですよ。もし気に入ったら、の話です」と笑顔を返されました。そのときの本が、この『心が目覚める生き方問答』です。

大阪での講演内容は、法輪さんが実践されている北朝鮮への人道支援についてでした。お話のあと質疑応答の時間が充分に設けられ、質問が途切れると、法輪さんは「北朝鮮に対する疑問や支援することへの反対意見などがあれば、ぜひ出してください。わたしたちは、心の中にある疑いの気持ちを充分表に出して、対話をしなければいけないと思います」と促され、そのあと会場から出された質問に丁寧に答えられました。

北朝鮮への支援というと、日本人拉致事件や核開発疑惑などがからみ、多くの複雑な問題を含んでいるように思えます。北朝鮮問題だけでなく、第三世界の貧困や環境破壊やテロなど、現代社会の抱える深刻な問題に対し、わたしは自分の日常とどうつながるのかが見えませんでした。ゆっくり新聞を読んだり外出したりする暇もない「忙しい」自分が、どうやって外の複雑な社会問題にかかわれるのかと思っていたのです。

講演会が終わったあと、わたしの心に残ったのは「人道支援というものは、条件なしに支援をすることです」という法輪さんの言葉でした。そしてその言葉は、わたし自身に投げかけられていることを直感しました。その日わたしは、会場でジュースをねだる六歳の娘に「いい子にしていたら、買ってあげるから」と言い聞かせていたのです。子育てという〃支援〃に忙しいと言いながら、実はどうしたら子どもがわたしに都合よく動いてくれるかを考え、そのための条件をつけて〃支援〃することに忙しがっている自分に気づかされました。同時に、今まで自分の日常とのつながりが見えなかった北朝鮮への人道支援問題が、自分自身の心の問題と重なっていることを感じたのです。

「条件なしに支援するというのは、相手の要求どおりにすることではなく、飢えて苦しんでいる人がいたらまず支援し、そのうえで、間違っていることがあれば、それを変えていこうとすることなのです」という法輪さんの言葉は、北朝鮮への人道支援だけに当てはまることでしょうか。

「条件なしの支援」とは、わたしたちが自分の考えや好みにとらわれることをやめて、相手の立場に身を置いてみることから始まります。それは自分を抑えて我慢することではありません。そうすることが結局は自分自身を自由に幸せにし、自分が変われば周囲や社会も変わるのだという仏教の教えにもとづいています。法輪さんは本書の中でも、わかりやすい比喩を用いてわたしたちにそのことを示してくれていると思います。

本書の出版にあたっては、本当に多くの方のお力添えをいただきました。特に、邦訳出版を快諾し、翻訳に際する質問に丁寧に答えてくださった法輪さんと張玉希《チャンオッキ》さんはじめ浄土会の方々、出版の実現にご尽力くださった地湧社の増田正雄社長や増田圭一郎さん、編集部の丸森真一さん、そして時には違う視点を示してわたしに自省の機会をくれ、力づけてくれた夫・井上茂樹、そのほかにもご縁をくださった皆さまに、心から感謝の気持ちを伝えたいと思います。

井上朋子

二〇〇六年五月

日本版付録――法輪《ポンニュン》さんのスペシャルトーク

覚醒した心が新しい社会を創る

◎師の問いに答えられず、出家を決意

法輪さんは一九五三年生まれ。出家したのは、高校生のときだったそうです。いったいどんな出会いがあったのでしょうか。

わたしが生まれ育った慶州《キョンジュ》は昔、新羅《しらぎ》時代の都だったので、日本の奈良や京都と同じように、歴史的遺産や遺跡がたくさん残っています。九年生（中学三年）のころ、それに興味をもったわたしは古跡踏査のサークルに入りました。慶州の史跡は仏教の文化遺産が多かったので、そのつながりで仏教学生会に入会し、仏教活動もすることになりました。十年生のときには、慶州にある芬皇寺《ブンファン》によく行きましたが、当時の住職がわたしの恩師である仏心道門《プルシンドムン》師です。

十二月の中旬試験期間中のある日のことでした。芬皇寺で夜のお勤めを終えて出てくるわたしを恩師が呼びました。恩師の話はいつもなかなか終わりません。試験中なので早く帰って勉強しなくてはと思い、わたしは恩師に言いました。

「和尚さん、ぼくは今日忙しいんです」

しかし、恩師は「そうか?」と言って、いきなりわたしにこう尋ねました。

「おまえはどこから来たのか?」

忙しいのに、と心は焦っていましたが、目上の人から問われたので答えないわけにはいきません。

「学校から来ました」

「学校から来る前は?」

「家から来ました」

「その前は?」質問は延々と続きそうな気配で、わたしは腹が立ってきました。忙しいのにどうしてこんな無駄な質問をするのかと思ったからです。しかし、答えるわたしの怒った声にもかまわず、恩師の質問は続きました。

「その前は?」

「母親のお腹からです」

「母のお腹にいる前は？」

「わかりません」

すると、恩師はまた問いました。

「おまえこれからどこへ行くのか？」

「図書館に行きます」

「そのあとは？」

「家に帰ります」

「家に帰ってからは？」質問は続きました。

「そのあとは？」

「死にます」

「死んだあとは？」

「わかりません」

すると、恩師は声を荒げました。

「こいつ、どこから来てどこへ行くかも知らないくせに、何が忙しいというのか？」

そう言われた瞬間、頭の中は真っ白になりました。〝そうだ、どうして忙しいんだろう？〟わかりませんでした。それで、恩師にお聞きしました。

「それをわかっている人がいますか？」

「いる」という答えを聞いて、再び問いました。

「どうしたらわかりますか？」

「寺に来れば、わかる」

それで、試験が終わってから出家したのです。

「どこから来てどこへ行くのかも知らないのにどうして忙しいのか？」これが、お釈迦《しゃか》様の正法弟子として禅仏教を体得しようと入門したわたしの公案です。

◎打倒すべき敵はどこにもいなかった

高校卒業後、法輪さんは恩師に勧められた仏教大学進学を選ばず、農民運動や青少年対象の仏教教育活動を始めました。特に農民運動を通じてたくさんの社会運動家と知り合い、社会の諸問題に目が開かれていきます。やがて寺を出て、法輪さんは活動に専心するようになりましたが、その時点では社会運動と仏教は別のものだと考えていたといいます。
七〇年代後半、朴正熙《パクチョンヒ》大統領の独裁政権は民主化運動への弾圧を強めていきます。七九年、法輪さんは社会運動団体に資金を送ったという嫌疑で逮捕されました。

以前、わたしは社会正義のために戦う民主主義の闘士でした。独裁者を憎み、正義の実現のためには犠牲になる覚悟で活動していましたが、他人に対する不平をつのらせることが多くて、いつも心は暗かったのです。

しかし、真に仏法に目覚め、世の中をあるがままに見ることができるようになると、誰が正しくて誰が間違っているというのではなく、ただお互いに見解が異なるのだということに気づきました。独裁者や軍部、帝国主義者、排他的な宗教団体や利己的な集団……彼らは打倒すべき敵ではなく、わたしと見解が異なる人、見解が異なる集団でした。彼らも彼らの立場では最善と考えることをしているのがわかったのです。

一九七九年に逮捕されたとき、わたしはひどい拷問を受けました。けれどもわたしを拷問していた警察官が、休憩時間に受験生の娘が試験に受かるかどうかを心配する様子を見て、彼は悪い人ではなく、家に帰ったら愛される夫であり、父親であることがわかりました。人間を苦しめる拷問制度はなくすべきですが、拷問する警察官は憎む対象ではないということです。彼らは撲滅すべき敵ではなく、憐れむべき存在であり、救済されるべき衆生であることがわかりました。

人は怒ると破壊的なエネルギーが出ますし、平穏であれば創造的なエネルギーが出るのだと思います。だからわたし自身、非難するよりも代案を提示する運動、破壊するよりもモデルをつくる運動、主張するよりもわたし自身が実践できるかどうかをまず実験してみる運動をしていくことになりました。

◎社会運動と仏教が一つになる

八〇年代に入って韓国は民主化運動が激化し、八八年にはついに盧泰愚《ノテウ》大統領による民主政権が誕生します。ところが独裁政権という共通の敵がいなくなると、仲間同士の争いがひんぱんに起こるようになりました。自分だけが正しいと考えて怒りを抱いたまま運動することに限界を感じた法輪さんは、社会運動と仏教が一緒になるときが来たことを確信します。

そして、宗教者として飢餓や貧困、環境破壊やあらゆる紛争など、現代社会全般にわたる問題に取り組むことを趣旨とした「浄土会」を設立。社会運動の仲間からは宗教に走ったと思われ、伝統仏教教団からは社会運動に走ったと非難されましたが、仏教の教えをもとに問題解決の道を探していこうと決意しました。

以来、法輪さんは浄土会を通して、修行の場を提供すると共に、インドでの学校や病院の建設、北朝鮮への難民救済支援などを、宗派や宗教の違いを問わず、ＮＧＯ、ＮＰＯとも連携しながら行っています。


社会だけを見ていて心の問題を解明しないのは仏教ではないし、自分の心だけ大切にして、それを取り巻く社会を無視するのも仏教ではありません。

現代の文明を全体的に見渡せば、自然環境の破壊と共同体の崩壊、人間性の喪失といった弊害がひどく現れているのがわかります。

世界中のいたるところで進んでいる自然環境の破壊は、資源の枯渇、環境汚染、気象異変などの問題を引き起こしつつ、地球全体の危機となっています。

そして今、人類という共同体も崩壊する危機に直面しています。自分の利益、自分が所属する団体や自国の利益ばかりを求め、あるいは自分たちの宗教や理念、文化こそが最高の善だと固執して、戦争を起こし、暴力をふるい、葛藤が絶え間なく生じています。また、麻薬やアルコールへの中毒、性売買、性的暴力などの社会的問題や、自殺など人間性の崩壊現象も急増しています。

では、これらの危機的状況は、社会運動と一つになった仏教の観点から、どのように乗り超えることができるでしょうか。

◎自己変化と社会変化は同時に起こる

わたしたちはまず、危機の根本的な原因が何かを、よく理解する必要があります。例えば、環境破壊や第三世界の貧困、テロなどは、国や宗教や民族で分断され、極端な経済格差がある世界の〝構造的な問題〟と言えますが、問題の根は、実はわたしたちひとりひとりの心の中に隠れています。

仏教では、人間の基本的な煩悩《ぼんのう》として「貪欲、怒り、愚痴」すなわち「貪《とん》・瞋《じん》・痴《ち》」の三毒をあげます。こうした煩悩こそが、問題の真の原因であり、三毒を正当化してきた社会構造によって、現代の危機的な状況がもたらされたのです。

ですから、わたしたちは「貪欲、怒り、愚痴」を心からなくす自己の修行を優先するべきでしょう。そして、目覚めた心で非暴力的に行動し、消費主義から離れて清貧な生活をしながら、環境を汚さない暮らしをしていくのです。このように自分の内面から生き方を変えてゆき、それを通して社会へと働きかけていく必要があります。

現代文明の諸問題は、社会構造が変わらない限り、根本的には解決しません。そして新しい社会構造を創造するには、お金や権力や名声への欲望、怒りや憎しみや嫉妬から、個人の心が本当に自由でなければなりません。この道理を理解して、自己を覚醒させる修行を社会運動へと広げていくとき、自己変化と社会変化が同時に起こるようになります。

これは、仏教教理の表現を借りて言えば、「上求菩提《じょうぐぼだい》　下化衆生《げけしゅじょう》」（仏になるための修行に励みながら、衆生を教え導き救済する）という菩薩行《ぼさつぎょう》です。

◎修行者自身が幸せでなければ……

法輪さんは、「人生のすべての悩みの原因は、自分の外ではなく心の中にある」と説きます。自分の思いどおりにしたいという欲を手放し、ものごとをあるがままに見られるようになれば、相手や状況がどうであるかに関係なく、苦しみはまったくなくなるのだ、と。そのような境地に目覚めれば、人は真に自由に生きることができるのかもしれません。新しい文明を創造するのはそうした人びとだと、法輪さんは語ります。

かつてのわたしは、外出するときによく天気にこだわっていました。今日は雨が降らずに晴れたらいいのに……今日は暖かければいいのに……などと考え、自分の思うとおりになれば喜び、そうならないときには不平を言い機嫌が悪くなったのです。ときには、自分の思いどおりになるように、仏様に祈ったりもしました。

けれども、仏法に目覚めてからは、天気に心が左右されてしまう束縛が少なくなりました。もちろん晴れたらいいなあ、暖かければいいなあ、という気持ちはあります。しかし、自分の思うとおりにならなくても不満には思いません。雨が降っていれば傘を持っていくし、寒ければ暖かい服を着るし、暑ければ薄着で出かけるだけです。

これは、わたしが仏法を悟って得た自由です。たとえ困難な状況に置かれたときでも、それについて不平を言ったり、挫折して苦しんだあげくに逃避したりしても、何も解決しません。そんなときは、まず一つの状況として平静に受け取り、そのうえで、どうやって解決するか工夫してみます。

わたしたちは自分の苦しみを他人や境遇のせいにしがちですが、すべての苦しみは、ものごとをあるがままに見ていない自分の心から生じています。それがよくわかれば、自らを深く省みることによって苦しみのない自由な境地になることができます。

そのような心で世界を見れば、人種、民族、宗教、文化、階級、男女の違いも〝優劣の差〟ではなく、単に異なっているだけです。だからお互いに異なるということを理解し、認め合うことによって、お互いを生かし合うことができます。皆互いに共生関係にあると気づくのです。

また、自然も〝征服の対象〟ではありません。自然はまさにわたしたちの命の基盤です。わたしたちは自然の再生や復元が可能な範囲で、持続可能な発展を図るべきでしょう。

そして、新しい文明の創造は〝自己犠牲〟によってなされるのではなく、それをつくるプロセスそのものが喜びでなければいけません。それでこそ、自他共生の文明が生まれます。

目覚めた心で、今の社会構造や価値観に迎合せずに生きれば、それを変えていくことができます。行き詰まっている現代文明の中にいながら新しい文明を創造していくことが可能です。そのような人生を生きていくわたしたちが誰よりも幸せなら、おのずとわたしたちは多数派になっていくことでしょう。ですから、修行者は幸せでなければいけません。苦しんでいる人に手をさしのべ、平和な世界を築くことに力を尽くし、自然環境に心をくばりながら生きていく人びとが、より幸せで自由であれば、必ずや新しい文明が芽生え、育っていくことでしょう。

【著者紹介】

法　　輪（ポンニュン）

1953年、韓国の慶尚南道生まれ。1969年、曹渓宗の仏心道門師を師僧として慶州・芬皇寺で出家。1985年に設立した中央仏教教育院を母体に、1988年「浄土会」を設立する。全地球的観点から今日の問題を見すえ、人々が自ら問題解決の主体となれるよう仏教の指導を続けながら、環境・福祉・平和運動も併せて実践してきた。2002年、ラモーン・マグサイサイ賞（平和と国際理解部門）を受賞。本書をはじめ多数の仏教書を韓国で出版している。

浄土会URL：http://www.jungto.org

【訳者紹介】

井上朋子（いのうえ　ともこ）

1958年生まれ。1996年から3年間、韓国に滞在。釜山の外国語学院で日本語講師をした後、ソウルの語学堂で韓国語を学ぶ。著書に『観光日本語会話Ⅰ・Ⅱ』（韓国・東洋文庫）がある。『月刊留学生』（株式会社 大悟）にて日本語会話コーナーを連載中。

心《こころ》が目《め》覚《ざ》める生《い》き方問答《かたもんどう》

2006年6月10日　初版発行

著　者　法　　輪　© 浄土出版 2004
訳　者　井上朋子　© Tomoko Inoue 2006
発行者　増　田　正　雄
発行所　株式会社　地《ち》　湧《ゆう》　社
東京都千代田区神田東松下町12-1（〒101-0042）
電話番号・03-3258-1251　郵便振替・00120-5-36341
装　幀　小島トシノブ［NONdesign］
印　刷　モリモト印刷
製　本　小高製本

万一乱丁または落丁の場合は、お手数ですが小社までお送りください。
送料小社負担にて、お取り替えいたします。
ISBN4-88503-188-5 C0015

坐禅はこうするのだ
師から見た参禅修行者の姿

井上希道著

坐禅を通じて体得するものは何か。師としての辛口な視点で、日を追って心境変化する参禅者の様子を心の内と外から立体的に描写することによって、参禅修行の要である着眼点を浮き彫りにする。

四六判上製

最後の「般若心経」講義

松原泰道著

般若心経を唱えて八十余年、心経に育てられ、心経と共に生きてきた著者が、これが最後と心に期して語り尽くした「空」の意味と「般若」の智慧。時代を超えて連れ立って行くべき道を明示する。

四六判上製

なまけ者のさとり方

タデウス・ゴラス著／山川紘矢・亜希子訳

ほんとうの自分を知るために何をしたらよいのか、宇宙や愛や人生の出来事の意味は何か。難行苦行の道とは違い、自分自身にやさしく素直になることで、さとりを実現する方法を語り明かす。

四六判並製

自分さがしの瞑想
ひとりで始めるプロセスワーク

アーノルド・ミンデル著／手塚・高尾訳

夢、からだの感覚、自然に出てくる動き、さらに雑念から人間関係まで、ありのままに受けとめることから自分をより深く知り、囚われのない「今」を素直に生きるためのトレーニング・マニュアル。

四六判並製

からだと心を癒す30のヒント

樋田和彦著

ストレスや病気に効く癒しのガイドブック。自分の中の治癒力を引き出して安らぎと活力をとりもどそう。様々な病気をユニークな診療で治してきた癒しの達人が、そのコツと具体的な方法を解説。

A5変型並製